# AN INTRODUCTORY GRAMMAR OF NEW TESTAMENT GREEK

# AN INTRODUCTORY GRAMMAR OF NEW TESTAMENT GREEK

With Exercises

by

A. W. ARGYLE

M.A., B.D. (OXON.)

CORNELL UNIVERSITY PRESS
ITHACA, NEW YORK

*First published in the United States of America, 1966*
*Cornell University Press*



*First printed 1965*

PRINTED IN GREAT BRITAIN

IN PIAM MEMORIAM

GEORGE HAYDN KEETON

OLIM DOMINI SCHOLAE REDINGENSIS

QUI PRIMUS ME GRAECE SCRIBERE DOCUIT

# PREFACE

I WISH to express my indebtedness to that indispensable instrument of all New Testament scholarship, *A Concordance to the Greek Testament*, by W. F. Moulton and A. S. Geden.

It is no exaggeration to say that without the assistance which I have obtained from that invaluable work this present book could hardly have come into being. My indebtedness to earlier Greek grammars will also be obvious.

In a long experience as a teacher I have found that a student's possession of a Key frequently causes both frustration for the teacher and failure for the student—it is this that has governed my decision not to include a Key to Exercises in my book.

A. W. ARGYLE

# TABLE OF CONTENTS

# HELLENISTIC GREEK. ALPHABET

1\. The Greek New Testament was written in the 'common' or Hellenistic Greek which superseded the dialects of the classical period; but this was modified by the acquaintance of the writers with the Greek translation of the Hebrew Old Testament, the Septuagint (LXX), which took over some of the characteristics of the Hebrew language.

2\. The letters of the Greek alphabet were twenty-four in number:

| | | | | |
|---|---|---|---|---|
| Α | α | alpha | pronounced | 'a' (When long, like *a* in 'far'; when short, like *a* in 'hat'.) |
| Β | β | bēta | ,, | 'b' |
| Γ | γ | gamma | ,, | 'g' (always hard) |
| Δ | δ | delta | ,, | 'd' |
| Ε | ε | epsīlon | ,, | 'e' as in 'pet' |
| Ζ | ζ | zēta | ,, | 'z' |
| Η | η | ēta | ,, | 'ē' as in 'fête' |
| Θ | θ | thēta | ,, | 'th' |
| Ι | ι | iōta | ,, | 'i' (When long, like *ee* in 'green'; when short, like *i* in 'pit'.) |
| Κ | κ | kappa | ,, | 'k' |
| Λ | λ | lambda | ,, | 'l' |
| Μ | μ | mu | ,, | 'm' |
| Ν | ν | nu | ,, | 'n' |
| Ξ | ξ | xi | ,, | 'x' (=ks) |
| Ο | ο | omīcron | ,, | 'o' as in 'hot' |
| Π | π | pi | ,, | 'p' |
| Ρ | ρ | rhō | ,, | 'rh' |
| Σ | σ ς | sigma | ,, | 's' (ς only used as final letter) |

| | | | | |
|---|---|---|---|---|
| Τ | τ | tau | pronounced | 't' |
| Υ | υ | upsīlon | ,, | 'u' as in 'flute' |
| Φ | φ | phi | ,, | 'ph' |
| Χ | χ | chi | ,, | 'kh' |
| Ψ | ψ | psi | ,, | 'ps' |
| Ω | ω | ōmega | ,, | 'ō' as in 'mote' |

3. Before kappa, gamma, chi, and xi the letter gamma has the sound of *n* as in 'ink', 'sing', e.g.: ἄγγελος, angelos, *angel*, *messenger*.

4. Diphthongs

| | | |
|---|---|---|
| αι | is pronounced | 'ai' as in 'aisle'. |
| αυ | ,, | 'ow' as in 'cow'. |
| ει | ,, | 'ai' as in 'bait'. |
| ευ | ,, | 'eu' as in 'feud'. |
| οι | ,, | 'oi' as in 'quoit'. |
| ου | ,, | 'ou' as in 'route'. |
| υι | ,, | 'ui' as in 'suite'. |

5. Breathings. Every initial vowel has either a smooth breathing (') or a rough breathing (῾). The smooth breathing is not sounded. The rough breathing is an aspirate ('h'). Thus:

ἄγγελος is pronounced 'ăngĕlŏs', ἁμαρτία 'hamartia'.

If a word starts with rhō (ρ) the initial ρ has a rough breathing, e.g.: Ῥόδος, *Rhodes*.

When a word starts with a diphthong the breathing is placed on the second of the two vowels, e.g.:

εὐλογεῖς, αἴτιος, οἵτινες, υἱός

note: Always put the breathing in as soon as you have written the initial vowel or diphthong. Otherwise you are apt to forget it.

6. Accents. These were invented by Aristophanes of Byzantium about 200 B.C. They need not be learned, except where the accent distinguishes words of the same spelling, but different meaning. These instances will be pointed out as they occur.

## THE DEFINITE ARTICLE ('the')

| NUMBER | CASE | MASCULINE | FEMININE | NEUTER |
|---|---|---|---|---|
| SINGULAR | NOMINATIVE | ὁ | ἡ | τό |
| | ACCUSATIVE | τόν | τήν | τό |
| | GENITIVE | τοῦ | τῆς | τοῦ |
| | DATIVE | τῷ | τῇ | τῷ |
| PLURAL | NOMINATIVE | οἱ | αἱ | τά |
| | ACCUSATIVE | τούς | τάς | τά |
| | GENITIVE | τῶν | τῶν | τῶν |
| | DATIVE | τοῖς | ταῖς | τοῖς |

NOTE: The iōta written under the long vowel in the dative singular is called the *iōta subscript.*

## FIRST DECLENSION NOUNS (feminine)

*ἡμέρα, day.* *ἐντολή, commandment.* *θάλασσα, sea, lake*

| | | | | |
|---|---|---|---|---|
| SINGULAR | NOMINATIVE | ἡμέρα | ἐντολή | θάλασσα |
| | VOCATIVE | ἡμέρα | ἐντολή | θάλασσα |
| | ACCUSATIVE | ἡμέραν | ἐντολήν | θάλασσαν |
| | GENITIVE | ἡμέρας | ἐντολῆς | θαλάσσης |
| | DATIVE | ἡμέρᾳ | ἐντολῇ | θαλάσσῃ |
| PLURAL | NOMINATIVE | ἡμέραι | ἐντολαί | θάλασσαι |
| | VOCATIVE | ἡμέραι | ἐντολαί | θάλασσαι |
| | ACCUSATIVE | ἡμέρας | ἐντολάς | θαλάσσας |
| | GENITIVE | ἡμερῶν | ἐντολῶν | θαλασσῶν |
| | DATIVE | ἡμέραις | ἐντολαῖς | θαλάσσαις |

Like ἡμέρα, decline: *ἀγορά, market-place*; *χώρα, country*
Like ἐντολή, decline: *κώμη, village*; *εἰρήνη, peace*
Like θάλασσα, decline: *γλῶσσα, tongue, language*

NOTE: Alpha after ε, ι, or ρ is usually kept in all cases of the singular, as in *ἡμέρα, day, ἡ σοφία, wisdom* (the article is often used with abstract nouns).

LEARN: *ἐπιστολή, letter, epistle*; *ἁμαρτία, sin*; *ἐκκλησία, church*; *οἰκία, house*

## THE PRESENT INDICATIVE ACTIVE OF VERBS ENDING IN OMEGA

*λύω, I loose*

| | | |
|---|---|---|
| FIRST PERSON SINGULAR | λύω | *I loose* |
| SECOND ,, ,, | λύεις | *thou loosest* |
| THIRD ,, ,, | λύει | *he, she,* or *it looses* |
| FIRST PERSON PLURAL | λύομεν | *we loose* |
| SECOND ,, ,, | λύετε | *you loose* |
| THIRD ,, ,, | λύουσι(ν) | *they loose* |

NOTE: Nu is often added to the third person plural, especially if the next word in the sentence begins with a vowel, or at the end of a sentence.

Like λύω are conjugated λέγω, *I say*; ἀκούω, *I hear*; βάλλω, *I throw*; κρίνω, *I judge*; γράφω, *I write*; ἐσθίω, *I eat*; μένω, *I remain*; πιστεύω, *I believe*; σώζω, *I save*; λαμβάνω, *I take, I receive*; μανθάνω, *I learn*; πέμπω, *I send*; ἀποστέλλω, *I send*; διδάσκω, *I teach.*

USE OF CASES. The subject of the verb is in the nominative case. The object of the verb is in the accusative case. The genitive means 'of', e.g.: φωνῆς, '*of a voice*', τῆς σοφίας, '*of wisdom*'. The dative means 'to' or 'for', e.g.: θαλάσσῃ, '*for the sea*', γῇ, '*to the earth*'. Also 'by' (instrumental): τῇ σοφίᾳ.

### EXERCISE 1

(N.B.: The order of words varies in Greek.)

Translate into English:

1. γράφομεν τὰς ἐντολάς.
2. πιστεύουσιν.
3. τὴν φωνὴν ἀκούει.
4. ἡ θάλασσα μένει.
5. μένομεν ἐν[1] τῇ θαλάσσῃ.
6. λύομεν.
7. ἡ γῆ μένει.
8. ἐν τῇ ἡμέρᾳ.

[1] 'in' followed by the dative.

Translate into Greek:

1. We hear the voices and (*καί*) believe.
2. They write letters.
3. You remain in sin.
4. Wisdom remains.
5. We judge by wisdom.
6. I remain in sin.
7. Thou eatest in the day.

## FIRST DECLENSION NOUNS (masculine)

*νεανίας*, *young man*. *μαθητής*, *disciple* (lit.: 'learner')

| | | | |
|---|---|---|---|
| SINGULAR | NOM. | *νεανίας* | *μαθητής* |
| | VOC. | *νεανία* | *μαθητά* |
| | ACC. | *νεανίαν* | *μαθητήν* |
| | GEN. | *νεανίου* | *μαθητοῦ* |
| | DAT. | *νεανίᾳ* | *μαθητῇ* |
| PLURAL | NOM. | *νεανίαι* | *μαθηταί* |
| | VOC. | *νεανίαι* | *μαθηταί* |
| | ACC. | *νεανίας* | *μαθητάς* |
| | GEN. | *νεανιῶν* | *μαθητῶν* |
| | DAT. | *νεανίαις* | *μαθηταῖς* |

NOTE: The vocative case is used of the person addressed: 'o young man'.

Like *νεανίας* is declined *ταμίας*, *steward*. Like *μαθητής* are declined *δεσπότης*, *master*; *πολίτης*, *citizen*; *κριτής*, *judge*; *προφήτης*, *prophet*; *κλέπτης*, *thief*; *τελώνης*, *tax collector*.

## FUTURE INDICATIVE ACTIVE OF *λύω*

| | |
|---|---|
| *λύσω* | *I shall loose* |
| *λύσεις* | *thou wilt loose* |
| *λύσει* | *he will loose* |
| *λύσομεν* | *we shall loose* |
| *λύσετε* | *you will loose* |
| *λύσουσι(ν)* | *they will loose* |

## EXERCISE 2

Translate into English :

1. *τοὺς μαθητὰς καὶ τοὺς προφήτας λύσουσιν.*
2. *οἱ κριταὶ λύσουσι τοὺς πολίτας.*
3. *λύσομεν τοὺς νεανίας.*
4. *οἱ μαθηταὶ πιστεύουσιν.*
5. *πιστεύσει ὁ κριτής.*
6. *τοὺς μαθητὰς τῶν προφητῶν λαμβάνουσιν οἱ πολῖται καὶ οἱ ταμίαι.*

Translate into Greek :

1. You will loose the disciples, o judge.
2. He will hear the voice of the prophet.
3. They are writing letters of wisdom to the citizens.
4. Young men eat.

## SECOND DECLENSION

*λόγος*, masculine, *a word.* *ἔργον*, neuter, *a deed*

| | | | |
|---|---|---|---|
| SINGULAR | NOM. | λόγος | ἔργον |
| | VOC. | λόγε | ἔργον |
| | ACC. | λόγον | ἔργον |
| | GEN. | λόγου | ἔργου |
| | DAT. | λόγῳ | ἔργῳ |
| PLURAL | NOM. | λόγοι | ἔργα |
| | VOC. | λόγοι | ἔργα |
| | ACC. | λόγους | ἔργα |
| | GEN. | λόγων | ἔργων |
| | DAT. | λόγοις | ἔργοις |

NOTE : In neuter nouns the nominative, vocative and accusative are always the same.

Most nouns like *λόγος* are masculine. Like *λόγος* are declined : *ποταμός*, *river* ; *λαός*, *people* ; *ἄγγελος*, *angel*, *messenger* ; *ἀδελφός*, *brother* ; *ἀγρός*, *field* ; *ἄνθρωπος*, *man* ; *λίθος*, *stone* ; *ἀπόστολος*, *apostle* ; *λεπρός*, *leper* ; *νόμος*, *law* ; *ὁ Θεός*, *God* ; *δοῦλος*, *slave* ; *καρπός*, *fruit* ; *οἶκος*, *house* ; *ἐχθρός*, *enemy* ; *ἄρτος*, *bread*, plural : *loaves* ; *κύριος*, *lord* (and many others).

Exceptions in gender: the following are feminine: ὁδός, *way, road*; νῆσος, *island*; νόσος, *disease*; δοκός, *beam, plank*; βίβλος, *book*; ῥάβδος, *staff*; ψῆφος, *pebble*; σποδός, *ashes*; ληνός, *vat*; ἄμπελος, *vine*; ἔρημος, *a desert*; παρθένος, *a maiden*.

Like ἔργον are declined: ἀργύριον, *silver piece, money*; βιβλίον, *book*; δαιμόνιον, *devil, demon*; δένδρον, *tree*; εὐαγγέλιον, *Gospel* (originally the word meant a *prize for good news* then *good news*, so *Gospel*); ἱερόν, *temple* (three syllables: do not confuse ἱε with the diphthong εἰ); ἱμάτιον, *cloak*; παιδίον, *young child*; πλοῖον, *boat*; πρόβατον, *sheep*; πρόσωπον, *face*; σάββατον, *Sabbath* (the plural can mean either *a week* or *a sabbath*); σημεῖον, *sign* (the word used in the Fourth Gospel for *a miracle*); τέκνον, *child*.

Learn the Prepositions: ἐν, *in* (followed by the dative); εἰς, *into* (followed by the accusative); πρός, *towards* (acc.); ἀπό, *from* (gen.); ἐκ, *out of* (gen.); κατά, *according to* (acc.); κατά, *against* (gen.); μετά, *after* (acc.); μετά, *with, in company with* (gen.); σύν, *in company with* (dat.).

## EXERCISE 3

Translate into English:

1. οἱ μαθηταὶ ἀκούσουσι τοὺς λόγους τῶν προφητῶν.
2. ἐν τῇ ἐκκλησίᾳ μανθάνομεν τὸν λόγον τοῦ Θεοῦ.
3. εἰς τὸ ἱερὸν πέμπουσιν οἱ ἀπόστολοι τοὺς δούλους ἐκ τοῦ οἴκου.
4. ἀποστέλλομεν τὰ παιδία ἀπὸ τῆς οἰκίας σὺν τοῖς ἀδελφοῖς.
5. ἐσθίετε τοὺς ἄρτους ἐν τῇ ὁδῷ μετὰ τῶν πολιτῶν.
6. τὰ τέκνα βάλλει [1] τοὺς λίθους εἰς τὴν ἔρημον.
7. οἱ νεανίαι τὰ παιδία ἐν τῇ ἐκκλησίᾳ διδάσκουσιν, ὦ [2] Κύριε.
8. λύσουσιν οἱ κριταὶ τοὺς δούλους μετὰ τὸ σάββατον.
9. μένομεν μετὰ τῶν ἀδελφῶν ἐν τῇ οἰκίᾳ κατὰ τὸν νόμον.
10. λέγομεν λόγους κατὰ τοῦ νόμου τῶν μαθητῶν καὶ τῶν προφητῶν.

Translate into Greek:

1. The trees remain in the earth, o judge.
2. They eat bread in the houses of the young men.
3. The apostles send the slaves out of the temple with the steward.
4. The citizen will hear the words of the Lord in the church.

[1] A neuter plural subject can take either a singular or a plural verb.
[2] ὦ means 'o', and is sometimes used with the vocative.

5. We remain in the road and save the children of the slaves.
6. We shall hear the words of the prophets.
7. They are throwing the books into the desert against the commandment of God.
8. The disciples are learning the words of the book according to the law.

The imperfect tense expresses continuous, or even attempted,[1] action in the past.

## IMPERFECT INDICATIVE ACTIVE OF λύω

*ἔλυον, I was loosing*

| | |
|---|---|
| ἔλυον | *I was loosing* |
| ἔλυες | *thou wast loosing* |
| ἔλυε(ν) | *he was loosing* |
| ἐλύομεν | *we were loosing* |
| ἐλύετε | *you were loosing* |
| ἔλυον | *they were loosing* |

NOTE (1) The initial ἐ is called the augment.

(2) When a verb in the present commences with an alpha or epsīlon, this vowel is lengthened or augmented to ēta : thus

| | |
|---|---|
| ἀκούω, *I hear* | ἤκουον, *I heard, I was hearing, I used to hear* |
| ἐγείρεις, *thou art rousing* | ἤγειρες, *thou wast rousing* |

But note an exception :

| | |
|---|---|
| ἔχω, *I have, I hold* | εἶχον, *I had, used to have, was holding* |

Note also that εὑρίσκω, *I find,* becomes in the imperfect ηὕρισκον. (ηυ is the augmented form of the diphthong ευ.) But the form εὕρισκον is also found.

(3) When a verb in the present commences with omīcron, this is augmented to ōmega, e.g. :

| | |
|---|---|
| ὀνειδίζω, *I reproach* | ὠνείδιζον, *I reproached* |
| ὀμνύω, *I swear* | ὤμνυον, *I swore* |

(4) When a verb in the present commences with the diphthong αι, the α is augmented to η, and the iōta becomes *iōta subscript.*

[1] This is called the 'conative imperfect', e.g. : ἐκώλυε, *he tried to prevent.*

(5) When a verb in the present commences with the diphthong *οι*, the *ο* is augmented to *ω*, and the iōta becomes *iōta subscript*, e.g. :

*οἰκτείρω, I pity* *ᾤκτειρον, I pitied*

COMPOUND VERBS

Some verbs are compounded by having a preposition prefixed, e.g. : *θνήσκω, I die*, occurs most frequently by having the preposition *ἀπό* prefixed : *ἀποθνήσκω, I die.*

The imperfect is *ἀπέθνησκον*, i.e. *θνήσκω* is augmented to *ἔθνησκον*, and the omīcron at the end of *ἀπό* is omitted.

Another compound verb is *ἐκβάλλω, I cast out.* The imperfect is *ἐξέβαλλον*. *βάλλω* is augmented to *ἔβαλλον*, and *κ* before a vowel becomes *ξ*.

OTHER EXAMPLES OF THE IMPERFECT

| | |
|---|---|
| *ἄγω, I lead* or *drive* | *ἦγον, I was leading* or *driving* |
| *ἐσθίω, I eat* | *ἤσθιον, I was eating* |
| *θεραπεύω, I heal* | *ἐθεράπευον, I was healing* |
| *ἀποκτείνω, I kill* | *ἀπέκτεινον, I was killing* |
| *διαφθείρω, I destroy* | *διέφθειρον, I was destroying* |

EXERCISE 4

Translate into English :

1. ἔλυες τὸν δοῦλον καὶ τὰ πρόβατα.
2. ἐδιδάσκομεν τὸ εὐαγγέλιον τοῖς τέκνοις τῶν μαθητῶν.
3. ηὑρίσκετε τοὺς ἀνθρώπους ἐν ἁμαρτίᾳ.
4. εὑρίσκουσι τὴν ἐκκλησίαν τῶν ἀδελφῶν ἐν τῇ οἰκίᾳ τοῦ δούλου.
5. οἱ ἀπόστολοι ἔγραφον τὰς ἐπιστολὰς ἐν (*on*) τῷ σαββάτῳ.
6. ᾤκτειρον οἱ μαθηταὶ τὰ παιδία καὶ ἐξέβαλλον τὰ δαιμόνια.
7. οἱ προφῆται ἀπέθνησκον ἐν ταῖς ἡμέραις τῶν κριτῶν.
8. εἶχεν τὴν σοφίαν τοῦ Θεοῦ καὶ ἔγραφε βιβλία ἐν τῇ ἐκκλησίᾳ.
9. ἠγείρετε τοὺς νεανίας τῇ ῥάβδῳ καὶ τῇ δοκῷ.
10. ἤκουον οἱ προφῆται τοὺς λόγους τοῦ νόμου καὶ ἀκούσουσι τὴν φωνὴν τοῦ Θεοῦ (*of God.* 'God' is usually preceded by the article).

Translate into Greek:

1. They were dying in the wilderness.
2. The disciples used to learn the words in the letters of the apostles.

3. We were casting out the devils in the road.
4. You were receiving and eating the fruit of the vine.
5. They will hear the voice in the day of the Lord.
6. We learn wisdom from the prophets and from the disciples.
7. He used to reproach the children of the slaves.
8. I was pitying the brothers of the Lord.
9. We were hearing the voices of the angels in the church.
10. He was taking up the books from the ground.[1]

Learn the following vocabulary:

*κλίνη, bed*
*ἀρχή, beginning*; *καρδία, heart*
*δικαιοσύνη, righteousness*
*χαρά, joy*; *υἱός, son*
*διδάσκαλος, teacher*
*διάβολος, devil*; *ὅρκος, oath*
*ὄχλος, crowd*; *πειράζω, I tempt*
*ἀγάπη, love* (especially *Christian love*)
*συναγωγή, synagogue*
*γραφή, writing. αἱ γραφαί, the Scriptures*
*βασιλεία, kingdom*

Learn the following conjunctions:

*καί, and, also, even. καί . . . καί, both . . . and*
*ὅτι, because*; *ὅτε, when*
*οὖν, therefore* (second or third word)
*δέ, and, but* (second word)
*τοίνυν, therefore*
*γάρ, for* (second or third word)
*ἀλλά, but*
*μέν . . . δέ . . . on the one hand . . . on the other hand*, e.g.: *οἱ μὲν στρατιῶται ἤσθιον, οἱ δὲ ναῦται ἔπινον, the soldiers* (on the one hand) *ate, the sailors* (on the other hand) *drank.*

(explanation): *ὁ στρατιώτης, the soldier, οἱ στρατιῶται*, nom. plur.
*ἤσθιον*, 3rd pers. plur. imp. indic. active of *ἐσθίω, I eat.*
*ὁ ναύτης*, the *sailor, οἱ ναῦται*, nom. plur.
*ἔπινον*, 3rd pers. plur. imp. indic. active of *πίνω, I drink.*

(This way of explaining a verb is called PARSING.[2])

[1] *γῆ, earth, ground.*

[2] To parse a verb give: (1) person, (2) number, (3) tense, (4) mood, (5) voice, (6) meaning.
To parse a noun give: (1) case, (2) number, (3) gender, (4) meaning.
To parse an adjective give: (1) case, (2) number, (3) gender, (4) meaning.

NOTE (1): ὁ δέ means *but he, and he*[1]: ὁ δὲ ἔμενεν, *but he remained*. οἱ δέ means *but they, and they*[1]: οἱ δὲ ἔσωζον τὰ τέκνα, *and they saved the children*.

NOTE (2): οὐ, *not*, becomes οὐκ before a word starting with a smooth breathing, οὐχ before a rough.

## EXERCISE 5

Translate into English:

1. οἱ δὲ ὄχλοι ἤσθιον τοὺς ἄρτους ἐν τῇ ἐρήμῳ καὶ ἔπινον τὸν καρπὸν τῆς ἀμπέλου.
2. ὁ δὲ διάβολος ἦγεν τὸν Ἰησοῦν[2] εἰς τὴν ἔρημον καὶ ἐπείραζε τὸν Κύριον τεσσαράκοντα[3] ἡμέρας (accusative of time how long).
3. ἔχαιρον οἱ μαθηταὶ ὅτι ὁ Ἰησοῦς ἔλεγεν τῷ ἀνθρώπῳ, Πιστεύεις εἰς τὸν Θεόν· ἐκβάλλω οὖν τὴν νόσον καὶ τὸ δαιμόνιον ἐκ τοῦ παιδίου· τὴν γὰρ οἰκίαν τοῦ παιδίου ἔχω ἐν ἀγάπῃ.
4. οἱ ἄγγελοι οὐκ εἶχον τὴν ἁμαρτίαν· κατὰ γὰρ τὰς ἐντολὰς τοῦ Θεοῦ ἔλεγον ὅτι ὁ νόμος τοῦ Θεοῦ ἔχει τὴν σοφίαν τοῦ Κυρίου.
5. ἀκούσουσιν οἱ μαθηταὶ τὴν φωνὴν καὶ τῶν στρατιωτῶν καὶ τῶν ναυτῶν ἐν τῷ οἴκῳ τοῦ διδασκάλου.
6. οἱ προφῆται ἔσωζον τὰ παιδία ἀπὸ τοῦ διαβόλου, καὶ σώσομεν τοὺς υἱοὺς τῶν ἀποστόλων ἀπὸ τῶν ἐχθρῶν τῆς ἐκκλησίας καὶ τῆς σοφίας τοῦ Θεοῦ.
7. ἔσωζεν ὁ Ἰησοῦς τοὺς ἁμαρτωλοὺς (*sinners*) ἐκ τῆς ἁμαρτίας.
8. ἐγράφομεν τὰς ἐπιστολὰς ἐν ταῖς ἡμέραις τῶν προφητῶν.
9. ἀπέθνησκον τὰ παιδία ὅτι οὐκ ἤσθιον τὸν ἄρτον, ὦ νεανία.
10. ὤμνυες τοὺς ὅρκους ὅτε ἤκουες τοὺς λόγους τοῦ δούλου, ὅτι οὐκ εἶχες τὴν ἀγάπην ἐν τῇ καρδίᾳ.

Translate into Greek:

O disciples, you were rousing the children out of the bed, because the apostle was dying in the house, and they held the apostle in love. For he used to cast out demons and heal diseases.

[1] The article was originally a demonstrative pronoun.

[2] *Jesus*. Nom. Ἰησοῦς, Voc. Ἰησοῦ, Acc. Ἰησοῦν, Gen. Ἰησοῦ, Dat. Ἰησοῦ. Proper names are usually preceded by the definite article.

[3] *forty*.

## FIRST AORIST INDICATIVE ACTIVE OF λύω

*ἔλυσα, I loosed*

Whereas the imperfect expresses *continuous* action in the past, the aorist expresses a single, decisive, completed act in the past.

| | | |
|---|---|---|
| SINGULAR | 1 | ἔλυσα |
| | 2 | ἔλυσας |
| | 3 | ἔλυσε(ν) |
| PLURAL | 1 | ἐλύσαμεν |
| | 2 | ἐλύσατε |
| | 3 | ἔλυσαν |

NOTE (1): the marks of the aorist: (*a*) the augment (as in the imperfect); (b) the prominence of α.

NOTE (2): This is called the first or weak aorist (to distinguish it from the second or strong aorist of certain verbs (see p. 28)).

NOTE the future and aorists of the following verbs:

| | | |
|---|---|---|
| διώκω, *I pursue* or *persecute* | διώξω | ἐδίωξα |
| ἀνοίγω, *I open* | ἀνοίξω | ἀνέῳξα [1] |
| κηρύσσω, *I proclaim* or *preach* | κηρύξω | ἐκήρυξα |
| κράζω, *I shout* | κράξω | ἔκραξα |
| βλέπω, *I see, I behold* | βλέψω | ἔβλεψα |
| γράφω, *I write* | γράψω | ἔγραψα |
| κρύπτω, *I hide* | κρύψω | ἔκρυψα |
| πείθω, *I persuade* | πείσω | ἔπεισα |
| ἐλπίζω, *I hope* | ἐλπίσω | ἤλπισα |
| ἁγιάζω, *I sanctify* | ἁγιάσω | ἡγίασα |
| θέλω, *I wish* (imperf. ἤθελον) | θελήσω | ἠθέλησα [2] |
| σώζω, *I save* | σώσω | ἔσωσα |
| κωλύω, *I hinder, forbid, prevent* | κωλύσω | ἐκώλυσα |
| κελεύω, *I order, command* | κελεύσω | ἐκέλευσα |
| θαυμάζω, *I wonder at* | θαυμάσω | ἐθαύμασα |

NOTE: the future of ἔχω, *I have*, is ἕξω (rough breathing). Imperfect εἶχον.

### EXERCISE 6

Translate into English:

1. ἐδίωξαν οἱ κλέπται τὰ πρόβατα τῶν κυρίων ἐκ τῶν ἀγρῶν εἰς

[1] This form is irregular; it has two augments. ἠνέῳξα, ἤνοιξε are also found.

[2] The classical present of the verb was ἐθέλω.

τὴν ἔρημον. εἶχον γὰρ τὰ πρόβατα τρεῖς (*three*) ἡμέρας (acc. of time how long).

2. οἱ δὲ λεπροὶ ἐπίστευσαν[1] τῷ λόγῳ τοῦ Ἰησοῦ· ἐθεράπευε γὰρ τὴν νόσον τῇ σοφίᾳ τοῦ Θεοῦ.
3. ἔπεμψας τοὺς τελώνας εἰς τὴν ἀγοράν· οἱ δὲ οὐκ ἔμενον ἐκεῖ (*there*).
4. ἔσωσαν τὸ ἀργύριον ἀπὸ τῶν κλεπτῶν· ἔχαιρον οὖν ἐν τῇ καρδίᾳ.
5. μετὰ πέντε (*five*) ἡμέρας ἐπείσαμεν τοὺς δούλους ἐν τῇ ἐκκλησίᾳ ὅτι ὁ Θεός ἐστιν (*is*) ἀγάπη.
6. μεθ'[2] ἓξ ἡμέρας (*after six days*) ἐθαύμασε[3] τὴν σοφίαν τῶν μαθητῶν.
7. μετὰ ἑπτὰ (*seven*) ἡμέρας ὁ διδάσκαλος ἐξέβαλλε τὰ δαιμόνια ἐκ τῶν παιδίων τοῦ δούλου. τὰ γὰρ παιδία ἐπίστευσαν εἰς[1] τὸν Θεόν.
8. μετὰ ὀκτὼ (*eight*) σάββατα ἠθέλησεν[4] ὁ τελώνης μετὰ τοῦ δούλου ἐσθίειν.

Translate into Greek :

1. After six days we will loose the slaves in the market-place, and they will have peace.
2. The disciples believed the word of God. For he saved sinners.[5]
3. The apostles of God sent the disciples and prophets of the Lord into the field. For both the disciples and the prophets used to preach the word of God there. They also wrote letters to the churches.

## PERFECT INDICATIVE ACTIVE OF λύω

λέλυκα, *I have loosed*

The λε before λυκα is called 'reduplication' of the lambda.

| | |
|---|---|
| λέλυκα | λελύκαμεν |
| λέλυκας | λελύκατε |
| λέλυκε(ν) | λελύκασι(ν) |

[1] πιστεύω is sometimes followed by the dative ; sometimes by εἰς or ἐπί and the accusative.

[2] Notice that μετά before a rough breathing becomes μεθ'. The omission of the final vowel is called 'elision'.

[3] θαυμάζω is sometimes followed by direct accusative, sometimes by ἐπί, *on*, *at* with the dative (see below, p. 16).

[4] 'consented', i.e. wished or willed as a single decisive act.

[5] τοὺς ἁμαρτωλούς. The article is sometimes used with classes of people.

In the same way the perfect of *πιστεύω* is *πεπίστευκα, I have believed.*

,, ,, ,, *κωλύω* is *κεκώλυκα, I have prevented.*

,, ,, ,, *κελεύω* is *κεκέλευκα, I have commanded.*

Learn also the following perfects :

| | |
|---|---|
| *γέγραφα, I have written* | (present *γράφω*) |
| *ἀπέσταλκα, I have sent* | ( ,, *ἀποστέλλω*) |
| *πέπομφα, I have sent* | ( ,, *πέμπω*) |
| *κέκραγα, I have shouted* | ( ,, *κράζω*) |
| *ἔσχηκα, I have had* | ( ,, *ἔχω*) |
| *κέκρυφα, I have hidden* | ( ,, *κρύπτω*) |
| *σέσωκα, I have saved* | ( ,, *σώζω*) |

Learn the following pronouns :

| | | | | |
|---|---|---|---|---|
| SINGULAR | N. | *ἐγώ, I* | PLURAL | *ἡμεῖς, we* |
| | A. | *ἐμέ, με, me* | | *ἡμᾶς, us* |
| | G. | *ἐμοῦ, μου of me, my* | | *ἡμῶν, of us, our* |
| | D. | *ἐμοί, μοι, to me, for me* | | *ἡμῖν, to us, for us* |

e.g.: *ἔσωσέ με, he saved me.* *ἔπεισεν ἡμᾶς, he persuaded us.*

*ἔλεγεν ἡμῖν ὅτι ὁ Θέος ἔσωσε τοὺς ἀνθρώπους.*

*He said to us* }
*He told us* } *that God saved men.*

*ἡ βίβλος μου, my book.* NOTE : the article is used.

*οἱ δοῦλοι ἡμῶν, our slaves.* NOTE : the article is used.

LEARN : *δεσμός, a chain, a bond* ; *γάμος, marriage* ; *φόβος, fear* ; *ἀδικία, injustice, wickedness* ; *πρεσβύτερος, an elder* ; *ἱμάτιον, garment* ; *ὀφθαλμός, an eye* ; *ληστής*, a *robber* (note the iōta subscript : the word was originally *ληιστής*) ; *θρόνος, a throne* ; *εὐθύς, immediately* ; *ἐργάτης, a workman, a labourer* ; *διά, through* of place or time, *by means of,* when followed by the genitive ; *on account of, because of,* when followed by the accusative ; *ἀπολύω, I release, I forgive* ; *ἀποκτείνω, I kill* ; *ἡ ἀλήθεια, truth* ; *ἡ ἁμαρτία, sin* ; *ἡ γενεά, generation* ; *κεφαλή, head* ; *ψυχή, soul, life* ; *ὥρα, hour* ; *ζωή, life* ; *ἀλλά, but* ; *βλάπτω, I hurt, I injure* (fut. *βλάψω*, aor. *ἔβλαψα*) ; *φέρω, I carry* ; *φυλακή, prison.*

## EXERCISE 7

Translate into English:

1. ὁ δὲ οὐκ ἔχαιρεν, ὅτι οἱ μὲν ἔμενον ἐν τῇ ἀγορᾷ, οἱ δὲ ἔμενον ἐν τῇ οἰκίᾳ ἡμῶν. ἔπεμψαν γὰρ τοὺς δούλους εἰς τὸν ἀγρὸν μετὰ τῶν ἐργατῶν.
2. οἱ λῃσταὶ ἔβλαψαν τοὺς ὀφθαλμοὺς ἡμῶν καὶ λελύκασι τοὺς δεσμοὺς τῶν δούλων ἡμῶν καὶ πεπόμφασιν τὰ παιδία ἡμῶν ἀπὸ τῆς ἐκκλησίας εἰς τὴν συναγωγὴν τῶν Ἰουδαίων.[1]
3. τὰ τέκνα τῶν ἐργατῶν βλάψουσι τὰς τῶν δούλων κεφαλάς.[2]
4. ἐν τῷ θρόνῳ ἐβλέπομεν τὸν Θεὸν τῆς ἀληθείας καὶ τῆς ἀγάπης, καὶ ἐπιστεύσαμεν ὅτι σέσωκεν τὸν κόσμον ἀπὸ τῆς ἁμαρτίας.
5. τὰ τῶν πρεσβυτέρων τέκνα κέκρυφε τὴν κεφαλήν μου ἐν τῷ ἱματίῳ τοῦ διδασκάλου.

Translate into Greek:

1. We have loosed the slaves of the workmen from the bonds in the prison.
2. The robber sent the workmen with the letters through the market-place because of fear; and we saw with our eyes their deeds.

## PLUPERFECT INDICATIVE ACTIVE OF λύω

ἐλελύκειν, *I had loosed*

ἐλελύκειν
ἐλελύκεις
ἐλελύκει
ἐλελύκειμεν
ἐλελύκειτε
ἐλελύκεσαν or ἐλελύκεισαν.

NOTE: The augment ἐ is often omitted, e.g.: λελύκειμεν, *we had loosed.*

Learn the principal parts of κρούω, *I knock*, which are regular:

PRESENT: κρούω; FUTURE: κρούσω; AORIST: ἔκρουσα; PERFECT: κέκρουκα; PLUPERFECT: (ἐ)κεκρούκειν.

[1] Ἰουδαῖος, *a Jew.*

[2] NOTE: the genitive can be placed between the article and the noun of the word on which it is dependent.

Learn the uses of the preposition *ἐπί, on*

with the accusative : (motion) *on to*, (placed) *upon*, (fall) *upon*, *up to*, *as far as*.

with the genitive : (rest) *on*, *in the presence of*, *in the time of*.

with the dative : *on*, *at*, *on account of*, *in addition to*.

e.g.: *ἔπεσεν ἐπὶ τὴν γῆν, he fell on to the ground.*

*μένει ἐπὶ τῆς κλίνης, he remains on the bed.*

*ἐπὶ τῶν κριτῶν, in the time of the judges, in the presence of the judges.*

*ἐθαύμαζεν ἐπὶ τῇ σοφίᾳ μου, he was marvelling at my wisdom.*

*μένουσιν ἐπὶ τῇ θύρᾳ, they are remaining at the door.*

Learn the pronoun :

| | | |
|---|---|---|
| N. | *σύ*,[1] *thou* | *ὑμεῖς*, *you* |
| A. | *σε*, *thee* | *ὑμᾶς*, *you* |
| G. | *σου*, *of thee, thy, thine* | *ὑμῶν*, *of you, your, yours* |
| D. | *σοι*, *to thee, for thee* | *ὑμῖν*, *to you, for you* |

Carefully distinguish between *ἡμεῖς*, *we*, and *ὑμεῖς*, *you*, which so many students confuse. LEARN : *ὅτι*, *that*, after a word of saying, thinking, etc.

LEARN : *ὀνομάζω, I name* ; *σταυρός, a cross* ; *ἀναγινώσκω, I read* ; *πίπτω, I fall.*

## EXERCISE 8

Translate into English :

1. *ὁ ἀπόστολος ἔπεμψε τὸν δοῦλον πρὸς τὴν οἰκίαν σου. ὁ δὲ μένει ἐπὶ τῇ θύρᾳ σου καὶ κρούει. οἰκτείρω αὐτὸν ὅτι οὐκ ἠνέῳξας τὴν θύραν σου οὐδὲ* (and not, nor) *ἐν τῇ δικαιοσύνῃ λαμβάνεις αὐτὸν εἰς τὸν οἶκόν σου.*
2. *ἐλελύκεις τὸν δοῦλον ἐκ τῶν δεσμῶν καὶ ἐπεπόμφεις εἰς τὴν οἰκίαν μου.*

[1] The nominative *σύ* is always emphatic and always accented. *σε*, *σου* and *σοι* when not emphatic take no accent except when followed by an enclitic, i.e. a dependent, unemphatic word, with no accent of its own. The emphatic forms are *σέ*, *σοῦ*, *σοί*.

3. ὑμεῖς, ἀδελφοί, θαυμάζετε ἐπὶ τῇ σοφίᾳ τῶν μαθητῶν, ἀλλ'[1] ἡμεῖς θαυμάζομεν ἐπὶ τῇ ἁμαρτίᾳ ὑμῶν.
4. γεγράφει ἐπὶ τῷ σταυρῷ λόγους τῆς ἀληθείας. ἡμεῖς δὲ ἀναγινώσκομεν ἐν ταῖς γραφαῖς ὅτι ἁμαρτωλοὶ οὐκ ἤθελον ἀναγινώσκειν ὅτι ὠνόμαζεν Ἰησοῦν τὸν Χριστόν.
5. πιστεύομεν οὖν ὅτι ὁ Θεὸς ἔπεμψε τὸν Υἱὸν εἰς τὸν κόσμον. οἱ δὲ ἁμαρτωλοὶ οὐ πεπιστεύκασιν ὅτι ὁ Κύριος ἡμῶν ἐθεράπευσεν λεπροὺς καὶ ἔσωσεν ἡμᾶς ἐκ τῆς νόσου τῆς ἁμαρτίας.
6. οἱ γὰρ μαθηταὶ ἐνήστευον τεσσαράκοντα ἡμέρας.

Translate into Greek :

1. They had loosed the slaves from the prison, and now (νῦν) they have sent them into the market-place.
2. O soldiers, you have in your heart the truth of God.
3. We have believed that God sent Jesus into the world in the time of the disciples.
4. Therefore they persecuted the crowds in the days of the prophets.
5. For we saw the truth of the gospel in the writings of the apostles.
6. They are falling on to the ground with the disciples.

## ADJECTIVES OF THE FIRST AND SECOND DECLENSION

*ἀγαθός, good*

| | CASE | MASCULINE | FEMININE | NEUTER |
|---|---|---|---|---|
| SINGULAR | NOMINATIVE | ἀγαθός | ἀγαθή | ἀγαθόν |
| | VOCATIVE | ἀγαθέ | ἀγαθή | ἀγαθόν |
| | ACCUSATIVE | ἀγαθόν | ἀγαθήν | ἀγαθόν |
| | GENITIVE | ἀγαθοῦ | ἀγαθῆς | ἀγαθοῦ |
| | DATIVE | ἀγαθῷ | ἀγαθῇ | ἀγαθῷ |
| PLURAL | NOM. and VOC. | ἀγαθοί | ἀγαθαί | ἀγαθά |
| | ACCUSATIVE | ἀγαθούς | ἀγαθάς | ἀγαθά |
| | GENITIVE | ἀγαθῶν | ἀγαθῶν | ἀγαθῶν |
| | DATIVE | ἀγαθοῖς | ἀγαθαῖς | ἀγαθοῖς |

[1] *ἀλλά, but.* The second alpha drops out before the initial vowel of the next word. This is called ‘ elision ’.

The adjective agrees with its noun in gender, number, and case, e.g.: *οἱ ἀγαθοὶ προφῆται, the good prophets, αἱ παρθένοι αἱ ἀγαθαί, the good maidens.*

The adjective usually goes between the article and the noun; but sometimes the article is repeated with the adjective following as in the second example.

Adjectives declined in this way are: *ἀγαπητός, beloved*; *ἔσχατος, last*; *καλός, good, beautiful*; *κακός, bad*; *πιστός, faithful*; *πρῶτος, first.*

Where the ending of the adjective follows a vowel or a rhō the feminine ends in alpha; thus: *ἅγιος, holy.*

| | | | |
|---|---|---|---|
| NOM. | ἅγιος | ἁγία | ἅγιον |
| VOC. | ἅγιε | ἁγία | ἅγιον |
| ACC. | ἅγιον | ἁγίαν | ἅγιον |
| GEN. | ἁγίου | ἁγίας | ἁγίου |
| DAT. | ἁγίῳ | ἁγίᾳ | ἁγίῳ |

The plural is the same as in *ἀγαθός*.

NOTE: The neuter singular of *ἄλλος, other,* is ἄλλο. Otherwise it is declined like *ἀγαθός*.

Adjectives declined like *ἅγιος* are: *δίκαιος, just, righteous*; *ἕτερος, different, another*; *ἴδιος, one's own*; *πονηρός, wicked*; *μικρός, little*; *καθαρός, pure.*

## EXERCISE 9

Translate into English:

1. οἱ τοῦ Κυρίου κριταὶ ἔχουσι πιστὴν ἐκκλησίαν ἐν τῇ τῶν Ἰουδαίων χώρᾳ.
2. ἔπεμψαν οἱ ἀγαθοὶ νεανίαι τοὺς δούλους ἡμῶν εἰς τὴν καλὴν θάλασσαν. οἱ δὲ οὐκ ἔμενον ἐκεῖ.
3. ἐβλέψαμεν τοὺς νεανίας καὶ τοὺς ἀδελφοὺς τῆς ἁγίας παρθένου ἐν τῇ πρώτῃ ἡμέρᾳ τῶν σαββάτων.
4. ὁ Υἱὸς τοῦ Θεοῦ ὁ ἀγαπητὸς ἀπέστειλε τοὺς μαθητὰς εἰς τὰς κώμας μετὰ τὴν πρώτην ἡμέραν.
5. τοὺς μὲν καλοὺς κριτὰς πέμψομεν εἰς τὴν οἰκίαν ὑμῶν· τοὺς δὲ κακοὺς ἐργάτας πέμψουσιν οἱ ἕτεροι ἀπόστολοι εἰς τὴν ἰδίαν οἰκίαν. μετὰ δὲ ὀκτὼ ἡμέρας πέμψω τὰ παιδία μου εἰς τὸ ἱερόν· ὁ γὰρ Θεὸς ἀπολύσει τὰς ἁμαρτίας τῶν τέκνων.
6. ὁ Θεὸς πέμψει τὸν ἴδιον Υἱὸν ἡμῖν ἐν ταῖς ἡμέραις ταῖς ἐσχάταις.

Translate into Greek :

1. Some [1] sent little loaves into the market-place, others [1] pursued the wicked robbers out of the beautiful fields.
2. The pure maiden saw the holy prophets and apostles in heaven.
3. The kingdom of heaven remains, but in the last days we shall not behold the sea.
4. They have a wicked heart and a bad soul. Therefore God has sent them out of the kingdom of God.
5. On the first day of the week we send our children into the church.

## THE PRONOUNS

*οὗτος, this. ἐκεῖνος, that. αὐτός, he, she, it, himself, the same*

| | | | | |
|---|---|---|---|---|
| SINGULAR | NOM. | οὗτος | αὕτη | τοῦτο |
| | ACC. | τοῦτον | ταύτην | τοῦτο |
| | GEN. | τούτου | ταύτης | τούτου |
| | DAT. | τούτῳ | ταύτῃ | τούτῳ |
| PLURAL | NOM. | οὗτοι | αὗται | ταῦτα |
| | ACC. | τούτους | ταύτας | ταῦτα |
| | GEN. | τούτων | τούτων | τούτων |
| | DAT. | τούτοις | ταύταις | τούτοις |

NOTE : All three genders are the same in the genitive plural.

| | | | | |
|---|---|---|---|---|
| SINGULAR | NOM. | ἐκεῖνος | ἐκείνη | ἐκεῖνο |
| | ACC. | ἐκεῖνον | ἐκείνην | ἐκεῖνο |
| | GEN. | ἐκείνου | ἐκείνης | ἐκείνου |
| | DAT. | ἐκείνῳ | ἐκείνῃ | ἐκείνῳ |
| PLURAL | NOM. | ἐκεῖνοι | ἐκεῖναι | ἐκεῖνα |
| | ACC. | ἐκείνους | ἐκείνας | ἐκεῖνα |
| | GEN. | ἐκείνων | ἐκείνων | ἐκείνων |
| | DAT. | ἐκείνοις | ἐκείναις | ἐκείνοις |

NOTE : ἐκεῖνος is connected with the adverb ἐκεῖ, *there*, lit. ‘ that there ’.

[1] Use οἱ μὲν . . . οἱ δὲ.

*οὗτος* and *ἐκεῖνος* agree with the nouns which they qualify in number, gender, and case. When they qualify a noun, the noun always has the article, e.g.:

> *οὗτος ὁ ἄνθρωπος* or *ὁ ἄνθρωπος οὗτος*, *this man.*
> *ἐκεῖνα τὰ πρόβατα* or *τὰ πρόβατα ἐκεῖνα*, *those sheep.*
> *ἐκείνη ἡ ἐντολή* or *ἡ ἐντολὴ ἐκείνη*, *that commandment.*

*αὐτός* is declined like *ἐκεῖνος*. *αὐτός*, *he*; *αὐτή*, *she*; *αὐτό*, *it*. It also means *himself, herself, itself*, when connected with a noun: *ὁ μαθητὴς αὐτὸς ἐδίδασκεν αὐτούς*, *the disciple himself was teaching them.* If put between the article and the noun it means *the same*: *ὁ αὐτὸς ἄρτος*, *the same bread.*

NOTE the punctuation marks as follows. Full stop . Semi-colon · Question mark ; *βλέπεις; Do you see?*

A question expecting the answer 'Yes' is introduced by *οὐ*, e.g.: *οὐ βλέπεις; Don't you see?*

A question expecting the answer 'No' is introduced by *μή* or *μήτι*, e.g.: *μήτι βλέπεις; You don't see, do you?* or, *Surely you do not see?*

## EXERCISE 10

Translate into English:

1. *οὗτοι οἱ ἐργάται ἀπέθνησκον ἐν τῇ ἐρήμῳ ἐν ταῖς ἡμέραις τῶν κριτῶν.*
2. *ἐβλέπομεν οὖν τοὺς οἴκους αὐτῶν. ἐμένομεν γὰρ ἐν τῇ ἀγορᾷ.*
3. *ὁ Θεὸς ἔπεμψε μετὰ τοὺς προφήτας τὸν Ἰωάνην τὸν βαπτιστήν.*[1] *οἱ δὲ ὄχλοι ἤκουον αὐτοῦ*[2] *καὶ ἔβλεπον αὐτόν, ὅτε ἐβάπτιζεν ἐν τῷ Ἰορδάνῃ*[3] *ποταμῷ.*
4. *οἱ δοῦλοι αὐτοὶ πέμψουσι ταῦτα τὰ βιβλία εἰς ἐκεῖνο τὸ ἱερόν.*
5. *ἐκεῖνα δὲ τὰ δένδρα ἔβαλλον εἰς τὴν θάλασσαν οἱ τοῦ κριτοῦ υἱοί.*
6. *αὗται* (*these women*) *ἔμενον ἐν τῷ πλοίῳ τῶν ἀγαθῶν ναυτῶν.*
7. *ὁ αὐτὸς ἄνθρωπος σώσει τὸν κόσμον ἐκ τῆς ἁμαρτίας· πιστεύσουσι γὰρ αὐτῷ οἱ ὄχλοι. ὁ δὲ ὠνόμαζεν αὐτοὺς τὰ πρόβατα αὐτοῦ.*
8. *ὁ γὰρ Θεὸς σώζει αὐτοὺς ἀπὸ τοῦ πονηροῦ* (*the evil one*).

[1] *Ἰωάνης* and *βαπτιστής* are declined like *μαθητής* (*John the Baptist*).

[2] *ἀκούω* is sometimes followed by the genitive.

[3] *Ἰορδάνης*, *the Jordan*, is declined like *μαθητής*.

9. οἱ οὖν δεσπόται τοῦ λαοῦ κρύψουσι τὰ βιβλία ἐκεῖνα ἐν τούτῳ τῷ ἱερῷ; (Note the question mark.)
10. οὐχὶ (a lengthened form of οὐ) οἱ τελῶναι ἔπεμψαν τὰ ἀργύρια εἰς τὴν κώμην τῶν ἐργατῶν;

Translate into Greek:

1. In the beginning of the church those apostles preached the word of God and named it the Gospel. (N.B.: 'it' refers to 'word' and so is masculine.)
2. Therefore I was telling him that the love of God himself will save the same sinners in the last day.
3. Surely you will not listen to [1] the words of the slaves? For they have no wisdom. (Say: they do not have wisdom.)

## INFINITIVES ACTIVE OF λύω

PRES. λύειν, *to loose*; FUT. λύσειν, *to be about to loose*[2]; AOR. λῦσαι, *to loose*; PERF. λελυκέναι, *to have loosed.*

NOTE: the augment of the AORIST is dropped in the infinitive.

EXAMPLES: θέλω λύειν (or λῦσαι) τοὺς δούλους, *I want to loose the slaves.* καλὸν ὀνομάζω τὸ λύειν τοὺς δούλους, *I call it a good thing to free slaves.*

NOTE: the infinitive can be used with the neuter singular definite article as a noun: this is called 'the articular infinitive'.

IF THE SUBJECT OF THE ARTICULAR INFINITIVE IS EXPRESSED IT IS PUT INTO THE ACCUSATIVE CASE, e.g.:

τὸ τοὺς μαθητὰς λῦσαι τοὺς δούλους καλὸν ὀνομάζω.

*I call it a good thing* { *for the disciples to free slaves.* / *that the disciples should free slaves* }

After εἰς or πρός the articular infinitive can express purpose:

ἔπεμψεν ἀγγέλους εἰς τὸ κηρύσσειν αὐτοὺς τοῖς ὄχλοις.
*He sent angels in order that they might preach to the crowds.*

μένομεν πρὸς τὸ ἀκούειν ὑμῶν.
*We are staying to hear you.*

[1] Use ἀκούω, *I hear.*

[2] μέλλω, *I intend,* can be followed by a future infinitive. μέλλω can also mean *I tarry, delay.*

Purpose can also be expressed by the simple genitive of the articular infinitive:

μένομεν τοῦ ἀκούειν τὸν λόγον.
*We stay to hear the word.*

After a word of going or coming or sending the simple infinitive can express purpose:

ἀπέστειλεν ἡμᾶς κηρύσσειν τὸ εὐαγγέλιον.
*He sent us to preach the Gospel.*

The articular infinitive can be preceded by *μετά*, *after* (with the accusative), *πρό*, *before* (with the genitive), *ἐν*, *in*, *while*, *during* (with the dative).

EXAMPLES

μετὰ τὸ κηρῦξαι ἡμᾶς, *after we had preached.*
πρὸ τοῦ κηρύσσειν ὑμᾶς, *before you preached.*
ἐν τῷ κηρύσσειν αὐτόν, *while he was preaching.*

δεῖ, *it is necessary*, takes the accusative and infinitive:

δεῖ ἡμᾶς κηρύσσειν τοῖς ὄχλοις ἐν τῇ ἀγορᾷ.
*It is necessary for us to preach* } *to the crowds in the market place.*
*We must preach* }

NOTICE οὐ δεῖ for *must not*:

οὐ δεῖ αὐτοὺς ἁμαρτάνειν, *they must not sin.*

A verb like δεῖ is called an impersonal verb. The imperfect is ἔδει:

οὐκ ἔδει τοὺς μαθητὰς μένειν ἐν τῇ οἰκίᾳ.
*The disciples ought not to have remained* or
*It was not necessary for the disciples to remain in the house.*

A construction like this must be studied very carefully: note 'for the disciples' is not in the dative, but in the accusative. The construction is *the accusative and infinitive.* This construction can also follow verbs of saying, thinking, knowing, etc., e.g.:

ἔλεγον αὐτὸν τὸν Χριστὸν εἶναι.
lit.: *They declared him to be the Christ.*
*They said that he was the Christ.*

νομίζω αὐτὸν μὴ πείσειν με.
*I think that he will not persuade me.*
(N.B.: The negative with the infinitive is *μή*.)

But *πιστεύω* is regularly followed by *ὅτι*, *that*, and the indicative, which is also often used after other verbs. In this construction (called *indirect statement*) the tense of the subordinate clause (i.e. the 'that' or ὅτι clause) is that of the direct speech, e.g.:

> λέγω ὅτι κηρύξει, *I say that he will preach.*
> ἔλεγον ὅτι κηρύξει, *I said that he would preach.*
> ἔλεγον ὅτι μένομεν, *they said that we were remaining.*

The present μένομεν is used because the actual words of the direct speech, i.e. what they said, were 'they ARE remaining'.

NOTE: εἶναι, *to be*; πάσχειν, *to suffer*; προδότης, *a traitor*; ψεύστης, *a liar*; ἀγοράζω, *I buy* (fut. ἀγοράσω, aor. ἠγόρασα); ἐξουσία, *authority*; νομίζω, *I think, I consider*; μισθός, *reward, pay*; ζημία, *punishment, loss*

EXERCISE 11

Translate into English:

1. θέλομεν μένειν ἐν τοῖς ἀγροῖς· καλοὺς γὰρ βλέπομεν αὐτοὺς εἶναι.
2. δεῖ οὖν αὐτὸν πάσχειν ἐπὶ τοῦ σταυροῦ.
3. οὐ δεῖ ἡμᾶς ἁμαρτάνειν εἰς (*against*) τὸν Θεόν.
4. πρὸ γὰρ τοῦ κηρῦξαι τὸν Πέτρον τὸ εὐαγγέλιον, οἱ ἕτεροι μαθηταὶ ὠνόμαζον αὐτὸν ψεύστην.
5. οἱ κριταὶ πέμψουσι τὰ παιδία ἐκ τοῦ ἱεροῦ εἰς τὰς κώμας εἰς τὸ αὐτοὺς ἀγοράσαι πέντε ἄρτους.
6. οἱ πονηροὶ δοῦλοι ἔλεγον ὅτι οἱ ἀπόστολοι οὐ θεραπεύσουσι τοὺς λεπρούς.
7. ὁ Θεὸς ἀπέστειλε τὸν Υἱὸν αὐτοῦ εἰς τὸν κόσμον τοῦ μὴ [1] τὸν διάβολον ἡμᾶς ἔχειν ἐν τῇ ἐξουσίᾳ αὐτοῦ.
8. οἱ ἐργάται ἐνόμιζον ὅτι τὰ παιδία αὐτῶν οὐκ ἔχουσι καλὸν ἄρτον.
9. οἱ πρῶτοι ἐνόμισαν ἄρτους εἶναι ἐν τῇ ἀγορᾷ τῆς κώμης.
10. οἱ δὲ ἔσχατοι ἐνόμισαν ὅτι δεῖ ἡμᾶς κηρύσσειν τοῖς διδασκάλοις πρὸ τοῦ αὐτοὺς πάσχειν ζημίαν. ἔπεμψαν οὖν ἡμᾶς εἰς τὴν συναγωγὴν μετὰ τὸ ἐσθίειν ἡμᾶς καὶ ἐν τῷ μένειν αὐτοὺς ἐν ταῖς οἰκίαις αὐτῶν.
11. οἱ Φαρισαῖοι τὸν Παῦλον ἔπεμψαν διῶξαι τοὺς ἁγίους.

Translate into Greek:

1. We must not suffer loss.
2. He ought not to have stayed.
3. He sent us to preach the Gospel.

[1] The negative with every part of the verb except the indicative is μή in N.T.

4. Before we sin, we must try to cast out the demons from our heart.
5. Do you not think him to be a liar?

## IMPERATIVES ACTIVE OF λύω

(The imperative expresses a command)

### PRESENT IMPERATIVE ACTIVE

| | |
|---|---|
| SECOND PERSON SINGULAR | λῦε, *loose (thou)* |
| THIRD PERSON SINGULAR | λυέτω, *let him loose* |
| SECOND PERSON PLURAL | λύετε, *loose (ye)* |
| THIRD PERSON PLURAL | λυέτωσαν or λυόντων, *let them loose* |

The negative with the imperative is *μή*.

*μή* with the second person present imperative expresses prohibition in the sense of saying ' Do not continue to do something ', ' stop doing it'.

*μὴ λύετε τοὺς δούλους, ὦ μαθηταί.*
*Do not go on loosing the slaves, o disciples.*
*Stop loosing the slaves.*

### AORIST IMPERATIVE ACTIVE

λῦσον, *loose (thou)*
λυσάτω, *let him loose*
λύσατε, *loose ye*
λυσάτωσαν or λυσάντων, *let them loose*

*μή* must *never* be used with the aorist imperative to express prohibition.

EXAMPLES:

βλέπε τὸν Ἀμνὸν τοῦ Θεοῦ, *see the Lamb of God.*
βλάψατε τὰ παιδία, *harm the little children.*
μὴ λέγετε, *do not say (stop saying).*
μὴ παυέτω τὴν μάχην, *let him not stop the battle.*
κρυψάτωσαν τὰ βιβλία, *let them hide the books.*

## EXERCISE 12

(New words henceforth must be looked up in the Vocabulary at the end of the book.)

Translate into English:

1. οὕτως λαμψάτω ὁ λύχνος ὑμῶν ἔμπροσθεν τῶν ἀνθρώπων, καὶ

βλέψουσιν ὑμῶν τὰ καλὰ ἔργα καὶ δοξάσουσι τὸν Θεὸν τὸν Κύριον.

2. ἀκούσατε τοὺς λόγους τῶν τε[1] κριτῶν καὶ τῶν προφητῶν, ὦ μαθηταί.
3. σώζετε τὸν λαὸν ἐκ τοῦ κινδύνου τῶν μαχῶν ἐν τῷ πολέμῳ τούτῳ.
4. μὴ κωλύετε τὰ παιδία βαίνειν πρός με.
5. μὴ λέγετε ὅτι ὁ Θεὸς οὐ σώσει ὑμᾶς.
6. στρέψον σε αὐτὸν[2] πρὸς τὸν ἥλιον τοῦ δοξάζειν τὸν Θεόν.
7. προσέχετε μὴ ποιεῖν τὴν δικαιοσύνην ὑμῶν ἔμπροσθεν τῶν ἀνθρώπων.
8. μὴ θησαυρίζετε ὑμῖν θησαυροὺς ἐπὶ τῆς γῆς.
9. κρῦψον τὰ ἱμάτια ἐν τῷ βοθύνῳ.
10. προσέχετε ἀπὸ τῶν ψευδοπροφητῶν. (προσέχειν ἀπό, *to beware of*.)
11. πιστεύετε εἰς τὸν Θεόν· ἔπεμψε γὰρ τὸν Υἱὸν αὐτοῦ σώζειν τὸν κόσμον. οὐ γὰρ ἀπέστειλεν ὁ Θεὸς τὸν Υἱὸν εἰς τὸν κόσμον κρίνειν τὸν κόσμον, ὅτι θέλει σώζειν τοὺς ἀνθρώπους τῷ σταυρῷ τοῦ Χριστοῦ.

Translate into Greek:

1. Disciples, save the children from the danger of death.
2. Do not believe that God will send you into temptation.
3. Order the soldiers to stop the battle, o apostles.
4. Prophet, tell us[3] the words of God.
5. Stop the war, o general.
6. Let the love of the brethren remain in their hearts.

## THE VERB 'to be'

### PRESENT INDICATIVE ACTIVE

| | | | |
|---|---|---|---|
| εἰμί | *I am* | ἐσμέν | *we are* |
| εἶ | *thou art* | ἐστέ | *you are* |
| ἐστί(ν) | *he, she,* or *it is* | εἰσί(ν) | *they are* |

[1] τε . . . καί, *both . . . and.* NOTE: τε *follows* the article.

[2] Usually written as one word σεαυτόν, *thyself,* ἐμαυτόν, *myself,* ἑαυτόν, *himself,* ἑαυτούς, *ourselves, yourselves, themselves.* This is the reflexive pronoun, and has accusative, genitive and dative, but no nominative.

[3] Dative: 'say to us'.

IMPERFECT

| | | | |
|---|---|---|---|
| ἤμην (ἦν, ἦ) | *I was* | ἦμεν (ἤμεθα) | *we were* |
| ἦς, ἦσθα | *thou wast* | ἦτε | *you were* |
| ἦν | *he was* | ἦσαν | *they were* |

FUTURE

| | | | |
|---|---|---|---|
| ἔσομαι | *I shall be* | ἐσόμεθα | *we shall be* |
| ἔσει, ἔσῃ | *thou wilt be* | ἔσεσθε | *you will be* |
| ἔσται | *he will be* | ἔσονται | *they will be* |

INFINITIVES. PRESENT : εἶναι, *to be.* FUTURE : ἔσεσθαι, *to be about to be.*

PRESENT IMPERATIVE OF THE VERB 'to be' : ἴσθι, *be thou* ; ἔστω or ἤτω, *let him be* ; ἔστε, *be ye* ; ἔστωσαν or ἤτωσαν, *let them be.*

NOTE : the verb 'to be' does not take an object, but a complement, i.e. the same case after the verb as before the verb, the same case as the subject of the verb, i.e. usually the nominative, in the same number and gender as the subject, e.g. :

ἐγώ εἰμι ἀγαθός, *I am good.*
ἡ παρθένος ἦν καθαρά, *the virgin was pure.*

EXERCISE 13

Translate into English :

1. ἡ ἐκκλησία πιστή ἐστιν.
2. ἀπεκτείνετε τοὺς προφήτας τοῦ κυρίου· ἅγιοι γὰρ ἦσαν.
3. οὗτοι οἱ ἄνθρωποι ἀπέθνησκον ἐν τῇ ἐρήμῳ ὅτι οὐκ ἤσθιον ἄρτον.
4. οὗτος ἦν μαθητὴς τοῦ Χριστοῦ· ἐκήρυσσεν οὖν τὸ εὐαγγέλιον.
5. οἱ ἄνθρωποι προφῆταί εἰσιν· ἐδόξαζον οὖν τὸν Θεόν.
6. ἐκεῖνος ἔσται ἅγιος τῷ Κυρίῳ· ὑπήκουσε [1] γὰρ ταῖς ἐντολαῖς αὐτοῦ.
7. ἕτεροι ἄνθρωποι μένουσιν ἐν τῷ δευτέρῳ πλοίῳ.
8. μὴ λαμβάνετε τὰ ἱμάτια τῶν δούλων μηδὲ [2] νομίζετε ὅτι ἅγιοί ἐστε· ὁ γὰρ πρῶτος ἔσται ἔσχατος, καὶ ὁ ἔσχατος πρῶτος.
9. οἱ δὲ ἔμενον ἐν τῇ ἐρήμῳ δέκα ἡμέρας.
10. ἤμεθα αὐτῶν ἀδελφοί· μὴ οὖν λέγετε κακὰ περὶ [3] αὐτῶν· νεκροὶ γάρ εἰσιν.

[1] ὑπακούω, *obey*, takes dative.
[2] *nor, and not* : with the indicative this would be οὐδέ.
[3] περί with the genitive means *about, concerning* ; with the accusative, *around.*

Translate into Greek:

I am not worthy to carry his garments, because I did not glorify him when he was saying good things about God and was preaching the Gospel. I was a sinner, and still (ἔτι) am.

## CONTRACTED FUTURES ACTIVE

(CONTRACTION means that two vowels are run into one, e.g.: ἀγγελῶ, *I shall announce* is a contraction of ἀγγελέω.)

| PRESENT | FUTURE | FIRST AORIST | MEANING |
|---|---|---|---|
| ἀγγέλλω | ἀγγελῶ | ἤγγειλα | *announce* |
| αἴρω | ἀρῶ | ἦρα | *raise, take up* |
| ἀποκτείνω | ἀποκτενῶ | ἀπέκτεινα | *kill* |
| ἀποστέλλω | ἀποστελῶ | ἀπέστειλα | *send* |
| ἐγείρω | ἐγερῶ | ἤγειρα | *rouse, raise* |
| κρίνω | κρινῶ [1] | ἔκρινα | *judge* |
| μένω | μενῶ [1] | ἔμεινα | *remain* |
| ὀφείλω | ὀφελῶ | ὤφειλα | *owe, ought* (foll. by infin.) |
| σπείρω | σπερῶ | ἔσπειρα | *sow* |
| φθείρω | φθερῶ | ἔφθειρα | *destroy* |

The conjugation is as follows:

| | |
|---|---|
| ἀγγελῶ | *I shall announce* |
| ἀγγελεῖς | *thou wilt announce* |
| ἀγγελεῖ | *he will announce* |
| ἀγγελοῦμεν | *we shall announce* (εο becomes ου) |
| ἀγγελεῖτε | *you will announce* |
| ἀγγελοῦσι(ν) | *they will announce* |

### EXERCISE 14

Translate into English:

1. κατακρινοῦσι τὰς χήρας καὶ ἀποκτενοῦσι τὰ τέκνα αὐτῶν μαχαίρᾳ ἐν τῇ ἐσχάτῃ μάχῃ τοῦ φοβεροῦ πολέμου.
2. ὁ διδάσκαλος μενεῖ ἐν τῇ οἰκίᾳ τῶν μαθητῶν ἐν τῇ τρίτῃ ἡμέρᾳ.
3. ὁ κριτὴς κρίνει σήμερον καὶ κρινεῖ αὔριον, ὡς καὶ ἔκρινεν ἐχθές.

[1] NOTE: The spelling of the present and the future is the same, but the accents are different. The circumflex accent ῶ indicates contraction. In these cases the accent must be put in. κρινῶ, κρινεῖς, κρινεῖ, κρινοῦμεν, κρινεῖτε, κρινοῦσι. So with μενῶ.

4. οἱ κλέπται καὶ οἱ τελῶναι τὸ αὐτὸ ἠθέλησαν πράττειν. ἀπέστειλαν οὖν τοὺς γεωργοὺς εἰς τοὺς ἀγροὺς καὶ ἀπέκτειναν αὐτούς· ἐλίθασαν γὰρ αὐτοὺς λίθοις ἐν ἐκείνοις τοῖς ἀγροῖς οὗ (*where*) ἔσπειραν οἱ γεωργοί.
5. οἱ ἐχθροὶ αὐτῶν μαχαίρᾳ ἔφθειραν αὐτούς. ὁ δὲ Κύριος ἐγερεῖ αὐτοὺς ἐκ τῶν νεκρῶν.
6. πιστεύομεν ὅτι ὁ Θεὸς ἤγειρε τὸν Ἰησοῦν τὸν Κύριον ἡμῶν ἐκ νεκρῶν, καὶ ἐγερεῖ ἡμᾶς αὐτοὺς ἐν τῇ ἐσχάτῃ ἡμέρᾳ.

Translate into Greek:

1. I am remaining [1] in my house today and shall remain [1] there tomorrow, as I also remained there yesterday.
2. Have you not believed that God raised the Teacher from the tomb?
3. They will send messengers to tell the disciples that wicked men killed Stephen with stones.
4. We ought to have (use the aorist of ὀφείλω) seen the treasure with our own eyes.

## SECOND (or STRONG) AORIST INDICATIVE ACTIVE

Some verbs have, instead of a first (or weak) aorist indicative active ending in -α (like ἔλυσα), a second (or strong) aorist ending in -ον and conjugated like the imperfect indicative active, e.g.:

| PRESENT | IMPERFECT | SECOND AORIST | SECOND AORIST IMPERATIVE |
|---|---|---|---|
| βάλλω | ἔβαλλον | ἔβαλον, *I threw* | |
| | | ἔβαλες | βάλε |
| | | ἔβαλε(ν) | βαλέτω |
| | | ἐβάλομεν | |
| | | ἐβάλετε | βάλετε |
| | | ἔβαλον | βαλέτωσαν or βαλόντων |

SECOND AOR. INFIN. βαλεῖν

Some verbs have both a first and a second aorist active, e.g.:

ἁμαρτάνω, *I sin*. FIRST AORIST: ἡμάρτησα.
SECOND AORIST: ἥμαρτον.

[1] Write in the accent.

Learn the following :

| PRESENT | SECOND AOR. INDIC. |
|---|---|
| λαμβάνω, *I take* | ἔλαβον |
| μανθάνω, *I learn* | ἔμαθον |
| πίνω, *I drink* | ἔπιον |
| ἀποθνήσκω, *I die* | ἀπέθανον |
| εὑρίσκω, *I find* | εὗρον (future : εὑρήσω) |
| πίπτω, *I fall* | ἔπεσον |
| τίκτω, *I bring forth* [1] | ἔτεκον |
| καταλείπω, *I abandon* | κατέλιπον (future : καταλείψω) |
| φεύγω, *I flee* | ἔφυγον |
| ἄγω, *I lead* or *drive* | ἤγαγον (reduplicated aorist) |

The second aorist of γινώσκω, *I know* is ἔγνων

| | IMPERATIVE | INFINITIVE |
|---|---|---|
| ἔγνων | | |
| ἔγνως | γνῶθι | γνῶναι |
| ἔγνω | γνώτω | |
| ἔγνωμεν | | |
| ἔγνωτε | γνῶτε | |
| ἔγνωσαν | γνώτωσαν (or γνόντων) | |

The second aorist of βαίνω, *I go* is ἔβην

| | IMPERATIVE | INFINITIVE |
|---|---|---|
| ἔβην | | |
| ἔβης | βῆθι (βά) | βῆναι |
| ἔβη | βήτω | |
| ἔβημεν | | |
| ἔβητε | βῆτε | |
| ἔβησαν | βήτωσαν, βάντων | |

Learn also : εἶδον, *I saw* ; ἔφαγον, *I ate* ; ἔπαθον, *I suffered* ; ἦλθον, *I came* ; ἤνεγκον, *I carried* ; εἶπον, *I said* ; ἔσχον, *I held.*

The imperative of εἶδον is ἰδέ, that of εἶπον is εἰπέ, that of ἔσχον is σχές, that of ἦλθον is ἐλθέ. The aor. imperative of the other verbs is formed in the usual way.

NOTE the difference in accent between εἶπε, *he said*, and εἰπέ, *say*, e.g. :

εἶπεν ἐμοὶ ταῦτα, *he told me* (lit. *he said to me*) *these things.*
εἰπέ μοι ταῦτα, *tell me these things.*

[1] Used of a woman giving birth to a child.

Learn the following (noting the difference of accent):

| | | |
|---|---|---|
| πῶς; *how?* | πως, *somehow, anyhow* | πω, *yet* |
| ποῦ; *where?* | που, *somewhere, anywhere* | οὔπω, *not yet* |
| πότε; *when?* | ποτέ, *at some time, at any time* | ἔτι, *still* |
| ποῖ; *whither?* | ποι, *any whither* | οὐκέτι, *no longer* |
| πόθεν; *whence?* | ποθέν, *from any direction* | |

EXERCISE 15

Translate into English:

1. ὁ δὲ στρατιώτης ἔβαλε τοὺς λίθους εἰς τὸν ποταμόν.
2. ἐκβαλοῦμεν τοὺς αὐτοὺς δούλους ἐκ τῆς συναγωγῆς.
3. πῶς ἔφυγον οἱ λῃσταὶ ἀπὸ τῶν νεανιῶν;
4. αἱ χῆραι ἔλαβον τὰ ἱμάτια ἀπὸ τῶν τοῦ κριτοῦ υἱῶν.
5. ἡ Μαριὰμ ἔτεκεν τὸν υἱὸν αὐτῆς τὸν πρωτότοκον, καὶ ὠνόμασεν αὐτὸν Ἰησοῦν.
6. ὁ Πέτρος εἶπεν αὐτῷ, Σὺ εἶ ὁ Χριστός.
7. εἰπέ μοι πόθεν ἦλθον οἱ μαθηταὶ εἰς τοῦτον τὸν τόπον, καὶ ποῖ ἔφυγον.
8. οὔπω ἐστὶ σῦκα· ὁ γὰρ καιρὸς οὔκ ἐστι σύκων.
9. μετὰ ταῦτα ἀπέθανεν ὁ πτωχός· οἱ γὰρ λῃσταὶ κατέλιπον αὐτὸν ἐν τῇ ἐρήμῳ.
10. γνῶθι σεαυτόν, ὅτι ἁμαρτωλὸς εἶ.
11. ἐν ἀρχῇ ἦν ὁ Λόγος, καὶ ὁ Λόγος ἦν πρὸς (*with*) τὸν Θεόν, καὶ Θεὸς ἦν ὁ Λόγος. καὶ ὁ κόσμος αὐτὸν οὐκ ἔγνω.

Translate into Greek:

1. We went into the temple in that hour, and the disciples fled in the same hour.
2. They will condemn the widows and will slay their children with the sword.
3. Jesus came into the world, and his disciples knew that He came forth from God.
4. We knew that we were [1] naked. Therefore we cast ourselves into the river.
5. They wanted to take the thirty silver pieces from the thief.
6. We ate the loaves and drank the wine.
7. After three days God raised His Son from the dead. The disciples therefore rejoiced on the same day.

[1] Remember that the Greek retains the tense of the direct speech.

## THE RELATIVE PRONOUN[1]

| NUMBER | CASE | MASCULINE | FEMININE | NEUTER |
|---|---|---|---|---|
| SINGULAR | NOMINATIVE | ὅς | ἥ | ὅ |
| | ACCUSATIVE | ὅν | ἥν | ὅ |
| | GENITIVE | οὗ | ἧς | οὗ |
| | DATIVE | ᾧ | ᾗ | ᾧ |
| PLURAL | NOMINATIVE | οἵ | αἵ | ἅ |
| | ACCUSATIVE | οὕς | ἅς | ἅ |
| | GENITIVE | ὧν | ὧν | ὧν |
| | DATIVE | οἷς | αἷς | οἷς |

NOTE the *accent* on the forms of the relative pronoun which have the same spelling as forms of the definite article, which have no accent. Thus: ἡ (definite article), ἥ (relative pronoun), etc.

NOTE: The relative pronoun agrees with its antecedent in number and gender, but takes its case from its own clause, e.g.:

*βλέπω τοὺς ἀνθρώπους οἳ βαίνουσιν εἰς τὸ ἱερόν.*
*I see the men who are going into the temple.*
*αὕτη ἐστὶν ἡ γραφὴ ἣν εἶχεν ὁ ἀπόστολος.*
*This is the writing which the apostle used to have.*
*προσῆλθον οἱ μαθηταὶ οὓς εἶδον.*
*The disciples whom I saw approached.*
*οὗτός ἐστιν ὁ προφήτης οὗ ἀναγινώσκω τὰ βιβλία.*
*This is the prophet whose books I am reading.*
*τὰ παιδία, ἃ ἐδίδασκον, τοὺς λόγους τούτους ἔμαθον.*
*The children, whom I was teaching, learned these words.*
*γινώσκω τὰς παρθένους αἳ πάρεισιν.*
*I know the maidens who are present.*

### EXERCISE 16

Translate into English:

1. *οὗτός ἐστιν ὁ ἄνθρωπος περὶ οὗ εἶπον ὅτι Υἱός ἐστι τοῦ Θεοῦ.*
2. *εὗρεν ἐκεῖνος τὸν ἀδελφὸν τὸν ἴδιον ὃν κατέλιπεν ἐν τῇ οἰκίᾳ.*

[1] There is also a longer form of the relative pronoun, which will be learned later.

3. πῶς εὑρήσομεν τὰς χήρας αἳ διδάσκουσι τὰ τέκνα;
4. ἐπίστευσαν εἰς αὐτὸν ὃς εἶπεν ὅτι ἀδελφὸς καὶ φίλος ἐστὶ τῶν ἁμαρτωλῶν.
5. αὕτη ἐστὶν ἡ οἰκία ἐν ᾗ οἱ δοῦλοι ἔφαγον καὶ ἔπιον.
6. εἴδομεν τὸν διδάσκαλον ὃς ἤσθιε μετὰ τῶν τελωνῶν.
7. πῶς οὖν δοξάσουσι τὸν Κύριον εἰς ὃν οὐκ ἐπίστευσαν;
8. ποῦ ἐστιν ὁ ἀδελφὸς ὑμῶν οὗ εἶχον τὰ ἱμάτια;
9. ἀγόρασον τοὺς ἄρτους ὧν χρείαν ἔχομεν εἰς (*for, with a view to*) τὴν ἑορτήν.
10. ταῦτά ἐστιν τὰ βιβλία ἃ ἀνέγνων.

Translate into Greek:

1. For God your Father knows the gifts of which you have need.
2. The words which I am writing are good.
3. Do not take the gifts which are in the house.
4. When will you have the bread of heaven?
5. When did you drink the wine of life, which is in the church?
6. Whence came the man in whom you have believed?
7. Why (τί) did you write those bad words which you found in the book?
8. Whither fled the disciples whom you saw?
9. We shall find in the temple the same maidens whom our brothers saw.
10. Cast out the demons which harm you.

## CONTRACTED VERBS ENDING IN -εω

ποιέω, *I do* or *make*

| PRESENT INDICATIVE ACTIVE | | | | IMPERFECT INDICATIVE ACTIVE | | |
|---|---|---|---|---|---|---|
| The form | ποιέω, | contracted | ποιῶ | ἐποίεον | becomes | ἐποίουν |
| ,, | ποιέεις, | ,, | ποιεῖς | ἐποίεες | ,, | ἐποίεις |
| ,, | ποιέει, | ,, | ποιεῖ | ἐποίεε | ,, | ἐποίει |
| ,, | ποιέομεν, | ,, | ποιοῦμεν | ἐποιέομεν | ,, | ἐποιοῦμεν |
| ,, | ποιέετε, | ,, | ποιεῖτε | ἐποιέετε | ,, | ἐποιεῖτε |
| ,, | ποιέουσι, | ,, | ποιοῦσι | ἐποίεον | ,, | ἐποίουν |

| FUTURE INDICATIVE ACTIVE | AORIST INDICATIVE ACTIVE |
|---|---|
| ποιήσω | ἐποίησα |
| ποιήσεις | ἐποίησας |
| ποιήσει | ἐποίησε(ν) |
| ποιήσομεν | ἐποιήσαμεν |
| ποιήσετε | ἐποιήσατε |
| ποιήσουσι(ν) | ἐποίησαν |

PRES. INFIN. : ποιεῖν.

PRES. IMPERATIVE : ποίει, ποιείτω, ποιεῖτε, ποιείτωσαν or ποιούντων.

AOR. INFIN. : ποιῆσαι.

AOR. IMPERATIVE : ποίησον, etc.

NOTE : It is the contracted form which is used.

The perfect is πεποίηκα. The pluperfect : (ἐ)πεποιήκειν.

Like ποιέω conjugate φιλέω (*I love*), perfect πεφίληκα (John 16[27]).
„ „ ζητέω (*I seek*), perfect ἐζήτηκα.
„ „ θεωρέω (*I behold*).
„ „ λαλέω (*I talk, say*), perfect λελάληκα (John 6[63], 16[25]).
„ „ μαρτυρέω (*I witness*), perfect μεμαρτύρηκα (John 5[33, 37]).
„ „ τηρέω (*I keep safe, keep, observe*), perfect τετήρηκα (John 17[6]).
„ „ ἀθετέω (*I reject*).

NOTE : (αἰτέω) αἰτῶ (*I ask, request*), fut. αἰτήσω, imperf. ᾔτουν, aor. ᾔτησα.

EXCEPTIONS

| PRESENT | FUTURE | AORIST | PERFECT |
|---|---|---|---|
| καλέω, *I call* | καλέσω | ἐκάλεσα | κέκληκα |
| τελέω, *I finish* | τελέσω | ἐτέλεσα | τετέλεκα |
| ἀρκέω, *I suffice* | ἀρκέσω | ἤρκεσα | |
| αἰνέω, *I praise* | αἰνέσω | ᾔνεσα | |
| ἐπαινέω, *I praise* | ἐπαινέσω | ἐπῄνεσα | |

The following verb is left uncontracted in some of its parts :

πλέω, *I sail*

| PRESENT | IMPERFECT |
|---|---|
| πλέω | ἔπλεον |
| πλεῖς | ἔπλεις |
| πλεῖ | ἔπλει |
| πλέομεν | ἐπλέομεν |
| πλεῖτε | ἐπλεῖτε |
| πλέουσι(ν) | ἔπλεον |

Additional list of verbs like *ποιέω* :

*ὠφελέω, help*
*ὑμνέω, sing, sing praise* (imperf. *ὕμνουν*)
*πωλέω, sell*
*συνεργέω, work together*
*φωνέω, call*
*χωρέω, make room, have a place, hold*
*ἀναχωρέω, withdraw, depart*
*προσκυνέω, worship*
*πενθέω, mourn*
*θαρσέω, be confident*
*ὁμολογέω, agree, confess*
*περιπατέω, walk* [1]
*οἰκοδομέω, build*
*νοέω, understand*
*μετανοέω, repent (change one's mind)*
*μισέω, hate*
*μετρέω, measure*
*λυπέω, grieve*
*συνλυπέω* or *συλλυπέω, grieve with*

## EXERCISE 17

Translate into English :

1. λέγω ὑμῖν, Θαρσεῖτε, μαθηταί. οὐ γὰρ νοσεῖτε.
2. ἐτηρήσαμεν τὰς ἐντολὰς ἃς ἠκούομεν ἀπὸ τῶν ἁγίων ἀποστόλων.
3. καλόν ἐστιν ἡμᾶς [2] πράσσειν τὴν δικαιοσύνην. φιλοῦμεν γὰρ ποιεῖν τὰ ἔργα ἃ ὁ Κύριος ἐκέλευσεν.
4. ἐκάλεσαν αὐτὸν τὸν ἀπόστολον τῆς εἰρήνης.
5. ἐν δὲ ταῖς ἡμέραις ἐκείναις ἦλθεν Ἰωάννης ὁ Βαπτιστὴς καὶ ἐκήρυσσεν ἐν τῇ ἐρήμῳ τῆς Ἰουδαίας καὶ ἔλεγεν, Μετανοεῖτε· ἤγγικεν [3] γὰρ ἡ βασιλεία τῶν οὐρανῶν.[4]
6. τελέσετε τὰ ἔργα ταῦτα, ὅτι πιστεύετε καὶ εἰς τὸν Θεὸν καὶ εἰς ἐμέ.

[1] Imperfect περιεπάτουν, aorist περιεπάτησα.
[2] NOTE : The impersonal construction takes accusative and infinitive.
[3] ἐγγίζω, *I draw near* ; fut. ἐγγίσω, aor. ἤγγισα, perfect ἤγγικα.
[4] Matthew regularly uses the plural for *heaven*, because the Hebrew word for *heaven* is a plural form.

7. ἐθάρσουν οἱ δώδεκα· εἶπε γὰρ αὐτοῖς ὁ Κύριος ὅτι [1] Ἐν τῇ οἰκίᾳ τοῦ Θεοῦ μοναὶ καλαί εἰσιν.
8. λέγει αὐτῷ Φίλιππος, Κύριε, δεῖξον ἡμῖν τὸν Θεόν, καὶ ἀρκεῖ ἡμῖν.
9. ποιήσομεν οὖν τὰ ἔργα ἃ οἱ υἱοὶ τῶν κριτῶν φιλοῦσι ποιεῖν.
10. πωλήσατε τὰ ἱμάτια ἃ ἐλάβετε ἀπὸ τῶν τελωνῶν.

Translate into Greek :

1. Help the poor, for they are with you always (πάντοτε).
2. The Son of Man must suffer and die (*say* : it is necessary that, i.e. δεῖ with the accusative and infinitive).
3. Where are the angels who sing praises to God ?
4. He called twelve men and appointed [2] them apostles.
5. We worship the God of truth and we shall build for him a beautiful temple.

## CONTRACTED VERBS ENDING IN -αω

*τιμάω, I honour*

| PRESENT INDICATIVE ACTIVE | | | IMPERFECT INDICATIVE ACTIVE | | |
|---|---|---|---|---|---|
| τιμάω, | contracted | τιμῶ | ἐτίμαον, | contracted | ἐτίμων |
| τιμάεις, | ,, | τιμᾷς | ἐτίμαες, | ,, | ἐτίμας |
| τιμάει, | ,, | τιμᾷ | ἐτίμαε, | ,, | ἐτίμα |
| τιμάομεν, | ,, | τιμῶμεν | ἐτιμάομεν, | ,, | ἐτιμῶμεν |
| τιμάετε, | ,, | τιμᾶτε | ἐτιμάετε, | ,, | ἐτιμᾶτε |
| τιμάουσι, | ,, | τιμῶσι(ν) | ἐτίμαον, | ,, | ἐτίμων |

| FUTURE INDICATIVE ACTIVE | AORIST INDICATIVE ACTIVE |
|---|---|
| τιμήσω | ἐτίμησα |
| τιμήσεις | ἐτίμησας |
| τιμήσει | ἐτίμησε(ν) |
| τιμήσομεν | ἐτιμήσαμεν |
| τιμήσετε | ἐτιμήσατε |
| τιμήσουσι(ν) | ἐτίμησαν |

[1] Do not translate. It represents inverted commas, i.e. quotation marks, in English. [2] Use ποιέω.

PRESENT INFINITIVE : τιμᾶν (τιμάειν) or τιμᾶν.

PRESENT IMPERATIVE : τίμα, τιμάτω, τιμᾶτε, τιμάτωσαν (or τιμώντων).

AORIST INFINITIVE : τιμῆσαι.

AORIST IMPERATIVE : τίμησον, etc.

PERFECT : τετίμηκα.

PLUPERFECT : (ἐ)τετιμήκειν.

Like τιμάω conjugate ἀγαπάω, *I love.*

" " " βοάω, *I cry aloud, I shout.*

" " " ἐρωτάω or ἐπερωτάω, *I ask a question, request.*

" " " πλανάω, *I lead astray.*

Note the irregular futures and aorists in the following verbs :

κοπιάω, *I toil,* fut. κοπιάσω, aor. ἐκοπίασα

ἐάω, *I allow, permit,* fut. ἐάσω

κλάω, *I break,* fut. κλάσω, aor. ἔκλασα

πεινάω, *I hunger,* fut. πεινάσω, aor. ἐπείνασα

χαλάω, *I loosen, let down,* fut. χαλάσω, aor. ἐχάλασα

Note the forms of ζάω, *I live.* Present: ζῶ, ζῇς, ζῇ, ζῶμεν, ζῆτε, ζῶσι(ν). Infin. : ζῆν.

NOTE : The imperfect of ἐάω, *I allow,* is εἴων and the aorist εἴασα.

## EXERCISE 18

Translate into English :

1. τίμα τὰς χήρας αἳ διδάσκουσι τὰ τῶν μαθητῶν τέκνα.
2. ἐβόησεν ἐν τῇ ἐρήμῳ λέγων, Ὁ Κύριος καθαρίσει καὶ θεραπεύσει με· λεπρὸς γάρ εἰμι. καὶ πείσει με ἀναχωρεῖν εἰς τὴν οἰκίαν μου καὶ μένειν ἐκεῖ.
3. καὶ εἶδεν πλοῖα δύο παρὰ τὴν λίμνην· οἱ δὲ ἀδελφοὶ ἀπ' αὐτῶν ἐξῆλθον καὶ ἔπλυνον τὰ δίκτυα. εἰσῆλθεν δὲ εἰς ἐκεῖνο τὸ πλοῖον, ὃ ἦν Σίμωνος, καὶ ἠρώτησεν αὐτὸν ἀπὸ τῆς γῆς ἐπαναγαγεῖν ὀλίγον (*a little way*)· καὶ τότε ἐκάθισεν καὶ ἐκ τοῦ πλοίου ἐδίδασκεν τοὺς ὄχλους. ὅτε δὲ ἐτέλεσεν τοὺς λόγους αὐτοῦ, οὓς ἐλάλει, εἶπεν πρὸς τὸν Σίμωνα, Χαλάσατε τὰ δίκτυα ὑμῶν εἰς ἄγραν. ὁ δὲ Σίμων εἶπεν, Ἐπιστάτα, πέντε ὥρας ἐκοπιάσαμεν καὶ οὐδὲν (*nothing*) ἐλάβομεν· ἐπὶ δὲ τῷ λόγῳ σου χαλάσω τὰ δίκτυα.

4. *ἐνήστευσεν ἓξ ἡμέρας. ἐπείνασεν οὖν, καὶ ἔκλασεν ἄρτους, καὶ ἔφαγεν. καὶ ἔπιεν οἶνον ἐκ ποτηρίου.*

Translate into Greek :

1. We honoured the prophets who were in the land of the Jews.
2. They have honoured the judges who love to live in the village.
3. He built for himself a house on the sea-shore.
4. The Pharisees went out of the village into the fields and led the multitudes astray. For they taught them to read the words which the Pharisees wrote, and not the prophets.
5. He lives with my sister in a small house which I built upon a rock.
6. Thou art Peter, and upon this rock I will build my church.
7. We are honouring the disciples who both learn and teach.
8. The tax-gatherers learnt this from the Lord, who taught them in the market-place. They therefore honoured and glorified Him ; they also sang to Him and praised Him.

## CONTRACTED VERBS ENDING IN -οω

δηλόω, *I make clear, I show*

| PRESENT INDICATIVE ACTIVE | IMPERFECT INDICATIVE ACTIVE |
|---|---|
| δηλόω =δηλῶ | ἐδήλοον =ἐδήλουν |
| δηλόεις =δηλοῖς | ἐδήλοες =ἐδήλους |
| δηλόει =δηλοῖ | ἐδήλοε =ἐδήλου |
| δηλόομεν =δηλοῦμεν | ἐδηλόομεν =ἐδηλοῦμεν |
| δηλόετε =δηλοῦτε | ἐδηλόετε =ἐδηλοῦτε |
| δηλόουσι =δηλοῦσι(ν) | ἐδήλοον =ἐδήλουν |
| **FUTURE INDICATIVE ACTIVE** | **AORIST INDICATIVE ACTIVE** |
| δηλώσω | ἐδήλωσα |
| δηλώσεις | ἐδήλωσας |
| δηλώσει | ἐδήλωσε(ν) |
| δηλώσομεν | ἐδηλώσαμεν |
| δηλώσετε | ἐδηλώσατε |
| δηλώσουσι(ν) | ἐδήλωσαν |

| PRESENT IMPERATIVE | PRESENT INFINITIVE |
| --- | --- |
| 2 δήλου | δηλοῦν |
| 3 δηλούτω | AORIST INFINITIVE |
| 2 δηλοῦτε | δηλῶσαι |
| 3 δηλούτωσαν or δηλούντων | AORIST IMPERATIVE |
| | δήλωσον, κτλ.[1] |

PERFECT : δεδήλωκα. PLUPERFECT : (ἐ)δεδηλώκειν.

## I VERBS IN -οω DERIVED FROM ADJECTIVES

(1) *Causative* or *factitive*, i.e. asserting the making or causing of the state denoted by the adjective :

| | |
| --- | --- |
| δῆλος, *clear* | δηλόω, *I make clear, I show* |
| ταπεινός, *humble* | ταπεινόω, *I make humble, I humble* |
| τυφλός, *blind* | τυφλόω, *I make blind, I blind* |
| βέβαιος, *firm* | βεβαιόω, *I make firm* |
| μέσος, *middle* | μεσόω, *I form the middle, I am at the middle* |
| φανερός, *manifest* | φανερόω, *I manifest* |

(2) Those which assert the 'deeming' or 'pronouncing' of the state denoted by the adjective :

| | |
| --- | --- |
| ἄξιος, *worthy* | ἀξιόω, *I deem worthy, I request, I claim* |
| δίκαιος, *righteous, just* | δικαιόω, *I pronounce righteous, justify, vindicate, acquit* |

(3) Those which have both senses (1) and (2) :

| | |
| --- | --- |
| κοινός, *common, unclean* | κοινόω, *I defile* (Mark 7[15]), *I deem common, unclean* (Acts 10[15]) |
| ὅμοιος, *like* | ὁμοιόω, *I make like* (Heb. 2[17], Acts 14[11]), *I deem like, compare* (Matt. 11[16], Mark 4[30]) |

## II THOSE DERIVED FROM NOUNS

| | |
| --- | --- |
| ζῆλος, *zeal, jealousy* | ζηλόω, *I am zealous for, I am jealous of* (taking the accusative) |
| κεφαλή, *head* | κεφαλιόω, *I wound in the head* (Mark 12[4]) |
| ῥίζα, *root* | ἐκριζόω, *I root out* |
| ζύμη, *leaven* | ζυμόω, *I leaven* |
| κύκλος, *wheel, circle* | (περι-)κυκλόω, *I encircle* |

[1] Short for καὶ τὰ λοιπά, *and the rest, et cetera*.

| | |
|---|---|
| θεμέλιος, *foundation* | θεμελιόω, *I found* (perfect: τεθεμελίωκα) |
| μορφή, *shape, form* | μορφόω, *I form*; μεταμορφόω, *I transform* |
| δοῦλος, *a slave* | δουλόω, *I enslave* |

NOTE: πληρόω means *I make full,*[1] *I fill, I fulfil:*

ὁ Θεὸς πεπλήρωκεν ὑμᾶς τῆς σοφίας.

*God has made you full of wisdom, has filled you with wisdom* (gen.).[2]

οὐκ ἦλθον καταλῦσαι ἀλλὰ πληρῶσαι.

*I did not come to destroy, but to fulfil* (Matt. 5[17])

πεπληρώκατε τὴν Ἱερουσαλὴμ τῆς διδαχῆς ὑμῶν.

*You have filled Jerusalem with your teaching* (Acts 5[28]).

## EXERCISE 19

Translate into English:

1. ἡ γὰρ ἡμέρα δηλώσει ὅτι ὁ διάβολος δεδούλωκεν ὑμᾶς.
2. ὁ Θεὸς ταπεινοῖ τοὺς ἁμαρτωλοὺς καὶ δικαιοῖ αὐτούς.
3. οἱ στρατιῶται ἐτύφλωσαν τοὺς τοῦ προφήτου δούλους.
4. ἐθεμελίωσε τὸ ἱερὸν καὶ ἐβεβαίωσε τὸν θεμέλιον καὶ ἐπλήρωσε τὸ ἱερὸν τῆς ὀσμῆς τοῦ μύρου.
5. ὁ Κύριος οἰκοδομεῖ τὴν ἐκκλησίαν καὶ θεμελιοῖ αὐτὴν ἐπὶ τῇ πέτρᾳ τῆς ἀληθείας. ὠνόμασεν οὖν τὸν πρῶτον μαθητὴν αὐτοῦ Πέτρον.
6. μὴ κοινοῦτε τὸ ἱερόν, ὦ ὑποκριταί,[3] οἳ πράσσετε τὰ πονηρά.
7. ὁ Θεὸς μεταμορφώσει ἡμᾶς τῇ δόξῃ αὐτοῦ.
8. ἔλαβεν ἡμᾶς ἐν τῷ πολέμῳ καὶ ἐδούλωσεν ἡμᾶς.
9. ἡ ζύμη ζυμοῖ τὸν ἄρτον, ὦ παρθένε.
10. προσέχετε ἀπὸ (*beware of*) τῆς ζύμης τῶν Φαρισαίων, ὦ μαθηταί, οἳ θέλετε ἐκριζοῦν τὴν ἀδικίαν ἐκ τῆς καρδίας ὑμῶν.

Translate into Greek:

1. We show to the hypocrites that they are foolish and wicked.
2. He manifested the wisdom of God to the disciples.
3. God will humble those men who sin against him (εἰς αὐτόν).
4. He will exalt [4] the righteous and the humble, who serve [5] him.

[1] The adjective for 'full' (3rd declension) will be learned later.

[2] Sometimes, however, the dative is used, e.g. Rom. 1[29].

[3] 'hypocrites', lit. *actors*, a word for which there was probably no Hebrew or Aramaic equivalent, because theatre was forbidden among the Jews.

[4] ὑψόω, ὑψώσω, ὕψωσα.

[5] Either δουλεύω or διακονέω. Both take the dative (of advantage).

5. We founded the church, which we built, and we made firm the foundations.

## THIRD DECLENSION NOUNS

ὁ φύλαξ, *guard.* ἡ σάλπιγξ, *trumpet.* ὁ ὀδούς, *tooth.* ἡ ἐλπίς, *hope*

| CASE | SINGULAR | SINGULAR | SINGULAR | SINGULAR |
|---|---|---|---|---|
| NOM. | φύλαξ | σάλπιγξ | ὀδούς | ἐλπίς |
| VOC. | φύλαξ | σάλπιγξ | ὀδούς | ἐλπί |
| ACC. | φύλακα | σάλπιγγα | ὀδόντα | ἐλπίδα |
| GEN. | φύλακος | σάλπιγγος | ὀδόντος | ἐλπίδος |
| DAT. | φύλακι | σάλπιγγι | ὀδόντι | ἐλπίδι |
| | PLURAL | PLURAL | PLURAL | PLURAL |
| NOM. | φύλακες | σάλπιγγες | ὀδόντες | ἐλπίδες |
| VOC. | φύλακες | σάλπιγγες | ὀδόντες | ἐλπίδες |
| ACC. | φύλακας | σάλπιγγας | ὀδόντας | ἐλπίδας |
| GEN. | φυλάκων | σαλπίγγων | ὀδόντων | ἐλπίδων |
| DAT. | φύλαξι(ν) | σάλπιγξι(ν) | ὀδοῦσι(ν) | ἐλπίσι(ν) |

Like φύλαξ is declined κῆρυξ, *a herald, a preacher.*
Like ἐλπίς is declined πατρίς (ἡ), *native country.*

Learn the uses of παρά, *beside.* With the ACCUSATIVE it denotes motion beside [1]:

ἔπεσεν παρὰ τὴν ὁδόν, *he fell by the wayside.*
περιεπάτει παρὰ τὴν θάλασσαν, *he was walking by the sea.*

With the GENITIVE it denotes *from alongside*: παρὰ τοῦ Θεοῦ, *from God.*
With the DATIVE it denotes *rest beside, near, with, at the house of*:

παρὰ τῷ Θεῷ δυνατόν ἐστι, *with God it is possible.* παρά σοι, *at thy house.*

### EXERCISE 20

Translate into English:

1. εὕρομεν τοὺς φύλακας οἳ ἦλθον διὰ τῶν πυλῶν εἰς τὴν φυλακήν.
2. ἤκουσαν τὴν φωνὴν τῆς σάλπιγγος καὶ ἐτήρουν τοὺς δεσμίους.
3. ἐν τῇ ἐσχάτῃ σάλπιγγι οἱ νεκροὶ ζήσουσιν πάλιν.
4. ἠκούσατε ὅτι αἱ γραφαὶ λέγουσιν, Ὀφθαλμὸν ἀντὶ ὀφθαλμοῦ καὶ ὀδόντα ἀντὶ ὀδόντος. ἐγὼ δὲ λέγω ὑμῖν, Ἀγαπᾶτε τοὺς ἐχθροὺς ὑμῶν.

[1] With the accusative it can also mean *against*: παρὰ τὸν νόμον, *against the law.*

5. ἐν τῇ γεέννῃ ἔσται ὁ κλαυθμὸς καὶ ὁ βρυγμὸς τῶν ὀδόντων.
6. ὅτε ταῦτα ἤκουσαν ἔβρυχον τοὺς ὀδόντας ἐπ' αὐτόν.
7. οἱ ὀδόντες αὐτῶν ὡς λεόντων ἦσαν.
8. οἱ μαθηταὶ τοῦ Κυρίου ἔχουσιν ἐλπίδα εἰς (*towards*) τὸν Θεόν.
9. εἰ[1] τὴν δικαιοσύνην ποιοῦμεν, τῇ ἐλπίδι χαίρομεν καὶ δουλεύομεν τῷ Κυρίῳ.
10. ἡμεῖς οἱ πιστεύομεν τῷ Θεῷ γινώσκομεν τὴν ἀλήθειαν καὶ ἔχομεν τὴν ἐλπίδα τῆς ζωῆς τῆς αἰωνίου (fem. same ending as masc.).

Translate into Greek :

1. They slew the prophets with the sword.
2. The good judges will judge the guards and the heralds in that day in which the trumpets will sound (φωνέω).
3. We ate the loaves with our teeth.
4. Have hope in your hearts always, O servants of God.
5. Did he not say that hope remains ?
6. Surely the words of your enemies will not destroy hope ?
7. He did not send the heralds to preach the word of the gospel, for they were evil.

## THIRD DECLENSION NOUNS (*continued*)

ὁ ποιμήν, *shepherd*. ὁ αἰών, *the age*. ὁ ἡγεμών, *leader*
ὁ σωτήρ, *saviour*

| CASE | SINGULAR | SINGULAR | SINGULAR | SINGULAR |
|---|---|---|---|---|
| NOM. | ποιμήν | αἰών | ἡγεμών | σωτήρ |
| VOC. | ποιμήν | αἰών | ἡγεμών | σῶτερ |
| ACC. | ποιμένα | αἰῶνα | ἡγεμόνα | σωτῆρα |
| GEN. | ποιμένος | αἰῶνος | ἡγεμόνος | σωτῆρος |
| DAT. | ποιμένι | αἰῶνι | ἡγεμόνι | σωτῆρι |
| | PLURAL | PLURAL | PLURAL | PLURAL |
| NOM. | ποιμένες | αἰῶνες | ἡγεμόνες | σωτῆρες |
| VOC. | ποιμένες | αἰῶνες | ἡγεμόνες | σωτῆρες |
| ACC. | ποιμένας | αἰῶνας | ἡγεμόνας | σωτῆρας |
| GEN. | ποιμένων | αἰώνων | ἡγεμόνων | σωτήρων |
| DAT. | ποιμέσι(ν) | αἰῶσι(ν) | ἡγεμόσι(ν) | σωτῆρσι(ν) |

[1] εἰ, *if*. Distinguish carefully from εἶ, *thou art*.

Learn the following third declension nouns :

| | |
|---|---|
| ἡ θρίξ, *a hair* | genitive τριχός, dat. pl. θριξί(ν) |
| ὁ ἀμπελών, *vineyard* | (declined like αἰών) |
| ὁ ἀλέκτωρ, *cock* | genitive ἀλέκτορος |
| ὁ ἄρχων, *ruler* | ,, ἄρχοντος, dat. pl. ἄρχουσι(ν) |
| ὁ ἀστήρ, *star* | ,, ἀστέρος, dat. pl. ἀστράσι(ν) |
| ἡ εἰκών, *image* | ,, εἰκόνος, declined like ἡγεμών |
| ἡ λαμπάς, *lamp* | ,, λαμπάδος |
| ὁ μήν, *month* | ,, μηνός |
| ἡ νύξ, *night* | ,, νυκτός |
| ὁ or ἡ παῖς, *child* | ,, παιδός |
| ἡ σάρξ, *flesh* | ,, σαρκός |
| ἡ χάρις, *grace, favour* | ,, χάριτος (accusative χάριν) |

The following is the declension of ἀνήρ, *man, husband :*

| | SINGULAR | PLURAL |
|---|---|---|
| NOM. | ἀνήρ | ἄνδρες |
| VOC. | ἄνερ | ἄνδρες |
| ACC. | ἄνδρα | ἄνδρας |
| GEN. | ἀνδρός | ἀνδρῶν |
| DAT. | ἀνδρί | ἀνδράσι(ν) |

The following is the declension of γυνή, *woman, wife* :

| | SINGULAR | PLURAL |
|---|---|---|
| NOM. | γυνή | γυναῖκες |
| VOC. | γύναι | γυναῖκες |
| ACC. | γυναῖκα | γυναῖκας |
| GEN. | γυναικός | γυναικῶν |
| DAT. | γυναικί | γυναιξί(ν) |

## EXERCISE 21

Translate into English :

1. ὅτε ἐτέλεσεν ὁ Ἰησοῦς τὰς παραβολὰς ταύτας, ἦλθεν εἰς τὴν πατρίδα αὐτοῦ καὶ ἐδίδασκεν αὐτοὺς ἐν τῇ συναγωγῇ αὐτῶν περὶ τῆς σοφίας τοῦ ἀγαθοῦ ποιμένος.
2. οἱ ἀμπελῶνες μενοῦσιν ἐν τῇ γῇ αὐτῶν εἰς τὸν αἰῶνα.[1]

[1] εἰς τὸν αἰῶνα, literally *until the age* (i.e. the blessed Messianic age to come). Translate the phrase : *for ever.*

3. οἱ ἡγεμόνες ἠρώτησαν, Βλέπετε τὴν εἰκόνα, ἣν ἐποίησαν οἱ ἁμαρτωλοί;
4. ὅτε δὲ ἐξῆλθεν ὁ Πέτρος εὐθὺς ἐφώνησεν ὁ ἀλέκτωρ.
5. πέμψατε τὸν καρπὸν τοῦ ἀμπελῶνος πρὸς τοὺς ποιμένας.
6. ἄκουσον ἡμῶν, σῶτερ τοῦ κόσμου.
7. τετάρτῃ δὲ φυλακῇ τῆς νυκτὸς ἦλθεν πρὸς αὐτοὺς περιπατῶν ἐπὶ τὴν θάλασσαν.
8. πιστός ἐστιν ὁ λόγος καὶ πάσης ἀποδοχῆς ἄξιος ὅτι Χριστὸς Ἰησοῦς ἦλθεν εἰς τὸν κόσμον ἁμαρτωλοὺς σῶσαι, ὧν πρῶτός εἰμι ἐγώ.
9. μετὰ δὲ τούτους τοὺς μῆνας οἱ ἄρχοντες εἰσῆλθον εἰς τὴν ἀγορὰν νυκτός,[1] θέλοντες ἐγείρειν τοὺς πολίτας τῇ φωνῇ τῆς σάλπιγγος.
10. εἰ μὴ [2] ἐσθίετε τὴν σάρκα τοῦ υἱοῦ τοῦ ἀνθρώπου οὐκ ἔχετε ζωὴν ἐν ἑαυτοῖς.

Translate into Greek:

1. When you (shall) find the books, I will send the leaders to help you.
2. He went out of the temple by night and saw the stars in the sky.
3. Let your lamp shine before men.

## THIRD DECLENSION NOUNS (*continued*)

ἡ πόλις, *city*. ὁ ἰχθύς, *fish*. ὁ βασιλεύς, *king*. ὁ πατήρ, *father*

| CASE | SINGULAR | SINGULAR | SINGULAR | SINGULAR |
|---|---|---|---|---|
| NOM. | πόλις | ἰχθύς | βασιλεύς | πατήρ |
| VOC. | πόλι | ἰχθύ | βασιλεῦ | πάτερ |
| ACC. | πόλιν | ἰχθύν | βασιλέα | πατέρα |
| GEN. | πόλεως | ἰχθύος | βασιλέως | πατρός |
| DAT. | πόλει | ἰχθύι | βασιλεῖ | πατρί |
| | PLURAL | PLURAL | PLURAL | PLURAL |
| NOM. | πόλεις | ἰχθύες | βασιλεῖς | πατέρες |
| VOC. | πόλεις | ἰχθύες | βασιλεῖς | πατέρες |
| ACC. | πόλεις | ἰχθύας | βασιλεῖς, βασιλέας | πατέρας |
| GEN. | πόλεων | ἰχθύων | βασιλέων | πατέρων |
| DAT. | πόλεσι(ν) | ἰχθύσι(ν) | βασιλεῦσι(ν) | πατράσι(ν) |

[1] 'by night'; genitive of 'time within which'.
[2] εἰ μή, *except* or *unless*; literally, 'if not'.

NOTE: All nouns ending in -*ις* are feminine. Like *πόλις* are declined *αἴσθησις*, *perception* (Philippians $1^{9}$); *βεβαίωσις*, *confirmation*; *βρῶσις*, *food*; *γνῶσις*, *knowledge*; *δόσις*, *giving* (Phil. $4^{15}$; James $1^{17}$); *ἔγερσις*, *resurrection*; *ἀνάστασις*, *resurrection*; *πίστις*, *faith*; *δικαίωσις*, *justification*, *vindication*; *ἄφεσις*, *forgiveness*; *κρίσις*, *judgement*; *ἅλυσις*, *chain*; *ἀπόκρισις*, *answer*; *δύναμις*, *power* (plur.: *miracles*); *ἔκστασις*, *amazement*, *trance*; *ζήτησις*, *questioning*; *θλῖψις*, *tribulation*; *κατοίκησις*, *dwelling*; *κίνησις*, *movement*; *κάθαρσις*, *cleansing*; *κοίμησις*, *rest*; *κωμόπολις*, *country-town*; *ὄψις*, *face*, *appearance*; *πόσις*, *drink*; *πρόθεσις*, *setting forth*, *purpose*; *πρόφασις*, *pretext*; *πώρωσις*, *hardening*; *ῥύσις*, *flowing*, *issue*; *συνείδησις*, *conscience*; *ὑπάντησις*, *meeting*.

Like *ἰχθύς* is declined *ἰσχύς* (*ἡ*), *strength*. Like *βασιλεύς* are *ἱερεύς*, *a priest*; *ἀρχιερεύς*, *a high priest* (plur.: *chief-priests*); like *πατήρ* are *μήτηρ*, *mother*, and *θυγάτηρ*, *daughter*.

In the Catacombs at Rome, where early Christians met for safety, the figure of a fish has been found drawn on the walls. This was the Christians' symbol, because the letters of *ἰχθύς* form the initials of *Ἰησοῦς Χριστὸς Θεοῦ υἱὸς σωτήρ*.

## EXERCISE 22

Translate into English:

1. *ὅτε ἐτελεύτησεν ὁ Ἡρῴδης, ἰδοὺ* (*lo*) *ἄγγελος Κυρίου ἦλθε κατ' ὄναρ* (*in a dream*) *τῷ Ἰωσὴφ ἐν Αἰγύπτῳ, λέγων, Παράλαβε τὸ παιδίον καὶ τὴν μητέρα αὐτοῦ, καὶ ἔλθε εἰς γῆν Ἰσραήλ· τεθνήκασιν γὰρ οἱ πονηροὶ οἳ ἐζήτησαν τὴν ψυχὴν τοῦ παιδίου. ὁ δὲ παρέλαβε τὸ παιδίον μετὰ τῆς μητρὸς αὐτοῦ καὶ εἰσῆλθεν εἰς γῆν Ἰσραήλ. καὶ ἀνεχώρησεν εἰς πόλιν ἣν Ναζαρὲθ λέγουσιν εἶναι οἱ Ἰουδαῖοι ἐν τοῖς μέρεσιν τῆς γῆς Γαλιλαίας, καὶ ἦλθεν καὶ κατῴκησεν εἰς οἶκον ταπεινόν.*
2. *τότε παραλαμβάνει αὐτὸν ὁ διάβολος εἰς τὴν ἁγίαν πόλιν, καὶ ἀνέβη ἐπὶ τὸ πτερύγιον τοῦ ἱεροῦ. λέγει δὲ αὐτῷ Σατανᾶς, Βάλε σεαυτὸν κάτω.*
3. *ἡ ἐμὴ βρῶσις καὶ ἡ πόσις μού ἐστι ποιεῖν τὰ ἔργα ἃ ὁ πατὴρ ἐκέλευσέ με.*
4. *δίκαιόν ἐστιν ἐμοὶ φρονεῖν τἀληθῆ* (=*τὰ ἀληθῆ*, *the things that are true*) *ἐν τῇ καρδίᾳ μου.*
5. *ὁ Θεὸς ἐδικαίωσεν ἡμᾶς τῇ χάριτι αὐτοῦ διὰ τῆς πίστεως ἡμῶν τῆς εἰς Χριστόν.*

6. ἔχομεν ἄφεσιν τῶν ἁμαρτιῶν· ὁ γὰρ Υἱὸς τοῦ Θεοῦ ἀπέθανεν ὑπὲρ ἡμῶν.

7. περισσεύομεν ἐν ἐπιγνώσει καὶ πάσῃ αἰσθήσει. ἔχομεν ὑμᾶς ἐν τῇ καρδίᾳ ἡμῶν, καὶ χαίρομεν ἔν τε τοῖς δεσμοῖς ἡμῶν καὶ ἐν τῇ ἀπολογίᾳ καὶ ἐν τῇ βεβαιώσει τοῦ εὐαγγελίου, συνκοινωνοὺς γὰρ ὑμᾶς ἔχομεν τῆς χάριτος τοῦ σωτῆρος ἡμῶν.

Translate into Greek:

God justified us by faith through His grace, because Jesus suffered on behalf of us on the cross. (ὕπερ with the genitive means *on behalf of*; with the accusative it means *above*.)

## NEUTER THIRD DECLENSION NOUNS

*τὸ γένος, race* — *τὸ γράμμα, letter (of the alphabet)*

| | | |
|---|---|---|
| | SINGULAR | |
| NOM. VOC. ACC. | γένος | γράμμα |
| GEN. | γένους | γράμματος |
| DAT. | γένει | γράμματι |
| | PLURAL | |
| NOM. VOC. ACC. | γένη | γράμματα |
| GEN. | γενέων or γενῶν | γραμμάτων |
| DAT. | γένεσι(ν) | γράμμασι(ν) |

Like γένος decline: *ἔθνος, race* (N.B. *τὰ ἔθνη, the Gentiles*); *ἔτος, year*; *ἔθος, custom*; *εἶδος, appearance, form*; *μέρος, part*; *ὄρος, mountain*; *πλῆθος, crowd*; *μέλος, limb*; *σκέλος, leg*; *σκεῦος, vessel*; *σκότος, darkness*; *στῆθος, breast*; *ψεῦδος, falsehood*

Like γράμμα decline: *ὄνομα, name*; *αἷμα, blood*; *βρῶμα, food*; *θέλημα, will*; *νόσημα, sickness*; *πνεῦμα, spirit, breath, wind*; *ῥῆμα, word, saying*; *σπέρμα*, seed; *στόμα, mouth*; *σῶμα, body*; *δώρημα, boon, gift*

NOTE: The third declension neuter nouns ending in -ος must be clearly distinguished from the second declension masculine nouns, e.g.: *τὸ ὄρος, the mountain*; *ὁ ὅρος, the boundary*.

OTHER NEUTER THIRD DECLENSION NOUNS: *γόνυ*, gen. sing. *γόνατος*, dat. pl. *γόνασι, a knee*; *οὖς*, gen. sing. *ὠτός*, dat. pl. *ὠσί, ear*; *ὕδωρ*, gen. sing. *ὕδατος*, dat. pl. *ὕδασι, water.*

## EXERCISE 23

Translate into English :

1. οἱ μάρτυρες [1] ἐκήρυσσον τὸ εὐαγγέλιον τῆς δόξης τοῦ Θεοῦ ἐν (*among*) τοῖς ἔθνεσιν.
2. τότε ὁ διάβολος ἦγεν τὸν Ἰησοῦν εἰς τὴν ἔρημον πειράζειν αὐτόν. καὶ ἐνήστευσεν ὁ Ἰησοῦς ἡμέρας τεσσεράκοντα καὶ τεσσεράκοντα νύκτας καὶ ὕστερον ἐπείνασεν. καὶ προσῆλθεν ὁ διάβολος καὶ εἶπεν αὐτῷ, Εἰ Υἱὸς εἶ τοῦ Θεοῦ, εἰπὲ τοῖς λίθοις τούτοις καὶ ἄρτοι ἔσονται. ὁ δὲ εἶπεν, Οὐ τοῦτο ποιήσω. τότε παραλαμβάνει αὐτὸν ὁ διάβολος εἰς τὴν ἁγίαν πόλιν, ὡς γινώσκομεν. πάλιν παραλαμβάνει αὐτὸν ὁ διάβολος εἰς ὄρος ὑψηλὸν λίαν, καὶ δεικνύει αὐτῷ τὰς βασιλείας τοῦ κόσμου καὶ τὴν δόξαν αὐτῶν.
3. καλέσεις τὸ ὄνομα αὐτοῦ Ἰησοῦν. ὃς ἔχει ὦτα ἀκούειν, ἀκουέτω.
4. ὁ μαθητὴς ὃς ποιεῖ τὸ θέλημα τοῦ Θεοῦ ἐν τῷ ὀνόματι τοῦ Χριστοῦ ἀναβαίνει εἰς τὸν οὐρανόν, καὶ καλεῖ αὐτὸν ὁ Θεὸς μακάριον.
5. ὁ σωτὴρ σώσει ἡμᾶς τῷ αἵματι τοῦ Υἱοῦ αὐτοῦ.
6. εἰ τὸ φῶς [2] τὸ ἐν σοὶ σκότος ἐστί, πόσον ἐστὶ τοῦτο τὸ σκότος.
7. οἱ ἄνδρες φιλοῦσι καὶ τὰς γυναῖκας καὶ τὰ τέκνα αὐτῶν.
8. ὦ γύναι, ἡ πίστις σου σέσωκέ σε. ὕπαγε ἐν τῇ εἰρήνῃ. ἐθεράπευσα γὰρ τὴν νόσον σου. ἄπελθε καὶ ἄγε σύν σοι τὸν κύνα [3] σου.

Translate into Greek :

1. Preach the gospel among the Gentiles, apostles.
2. We wrote the letters with our own hand.[4]
3. Seek peace and pursue it. For thus you will do the will of God.

## THIRD DECLENSION NOUNS (*continued*)

τὸ κέρας, *horn*. ὁ βοῦς, *ox*. ὁ πῆχυς, *cubit*. ὁ ῥήτωρ, *the orator*

| CASE | SINGULAR | SINGULAR | SINGULAR | SINGULAR |
|---|---|---|---|---|
| NOM. | κέρας | βοῦς | πῆχυς | ῥήτωρ |
| VOC. | κέρας | βοῦ | — | ῥῆτορ |
| ACC. | κέρας | βοῦν | πῆχυν | ῥήτορα |
| GEN. | κέρατος | βοός | πήχεως or πήχεος | ῥήτορος |
| DAT. | κέρατι | βοΐ | πήχει | ῥήτορι |

[1] μάρτυς, gen. μάρτυρος, *a witness, a martyr*. [2] φῶς, φωτός (neuter), *light*.
[3] κύων, κυνός (masculine), *dog*. (Dative plural : κυσί.)
[4] χείρ, χειρός (feminine), *a hand*.

| CASE | PLURAL | PLURAL | PLURAL | PLURAL |
|---|---|---|---|---|
| NOM. | κέρατα | βόες | πήχεις | ῥήτορες |
| VOC. | κέρατα | βόες | πήχεις | ῥήτορες |
| ACC. | κέρατα | βόας | πήχεις | ῥήτορας |
| GEN. | κεράτων | βοῶν | πήχων or πήχεων | ῥητόρων |
| DAT. | κέρασι(ν) | βουσί(ν) | πήχεσι(ν) | ῥήτορσι(ν) |

NOTE : The euphonious ν before a vowel can be added to the dative plural in all the third declension nouns : thus :

*οὕτως καὶ αἱ γυναῖκες τοῖς ἀνδράσιν ἐν παντί* (Eph. 5[24]).

*So also* (let) *the wives* (be subject) *to their husbands in everything.*

Sometimes the ν is added even before a consonant :

*μὴ δῶτε τὸ ἅγιον τοῖς κυσίν, μηδὲ βάλητε τοὺς μαργαρίτας ὑμῶν ἔμπροσθεν τῶν χοίρων* (Matt. 7[6]). *σὺν ἔθνεσιν καὶ λαοῖς* (Acts 4[27]).

But it is most commonly added before a vowel :

*ἐξέμαξεν ταῖς θριξὶν αὐτῆς τοὺς πόδας αὐτοῦ* (John 12[3]).

*οὐδαμῶς ἐλαχίστη εἶ ἐν τοῖς ἡγεμόσιν Ἰούδα* (Matt. 2[6]).

*σὺν τοῖς ἄρχουσιν αὐτῶν* (Acts 14[5]).

*πηλίκοις ὑμῖν γράμμασιν ἔγραψα τῇ ἐμῇ χειρί* (Gal. 6[11]).

## EXERCISE 24

Translate into English :

1. *ἄγετε τοὺς βόας καὶ τοὺς ἀλέκτορας καὶ τοὺς ῥήτορας εἰς τὴν ἀγορὰν εἰς μαρτύριον αὐτοῖς τοῖς μαθηταῖς καὶ τοῖς ἔθνεσιν.*
2. *κηρύξει οὖν τὸ εὐαγγέλιον καὶ κρίσιν τοῖς ἔθνεσιν ἀπαγγελεῖ.*
3. *ἐποίησεν ὁ Θεὸς σημεῖα καὶ τέρατα ἐν τοῖς ἔθνεσιν δι' αὐτῶν.*
4. *ἡ σκηνὴ τοῦ μαρτυρίου ἦν τοῖς πατράσιν* [1] *ἡμῶν ἐν τῇ ἐρήμῳ.*
5. *πόσα* (*how great things*) [2] *ἐποίησεν ὁ Θεὸς ἐν τοῖς ἔθνεσιν διὰ τῆς διακονίας αὐτοῦ.*
6. *ἦλθεν τῷ αὐτῶν παραπτώματι ἡ σωτηρία τοῖς ἔθνεσιν.*
7. *ὑμῖν δὲ λέγω τοῖς ἔθνεσιν, Ἐφ' ὅσον* [3] (*inasmuch as*) *οὖν εἰμι ἐγὼ ἐθνῶν ἀπόστολος, τὴν διακονίαν μου δοξάζω. θέλω γὰρ σῶσαι αὐτούς.*

[1] The verb 'to be' with the dative is a way of saying 'I have' as in Latin and French, e.g. : *ἔστι μοι βίβλος, I have a book.*

[2] Adj. *πόσος, -η, -ον.*

[3] Adj. *ὅσος, -η, -ον.*

8. δοξάζω τὸ εὐαγγέλιον ὃ κηρύσσω ἐν τοῖς ἔθνεσιν.
9. κωλύουσιν ἡμᾶς τοῖς ἔθνεσιν λαλῆσαι καὶ πειράζειν σώζειν αὐτά.
10. τὴν ἀναστροφὴν ὑμῶν ἐν τοῖς ἔθνεσιν ἔχετε καλήν.
11. καὶ λέγουσί μοι, Δεῖ σε πάλιν προφητεῦσαι [1] τοῖς λαοῖς καὶ τοῖς ἔθνεσιν καὶ βασιλεῦσιν, οἳ ἄρχουσιν ἐν ταῖς βασιλείαις τῆς οἰκουμένης.[2]

Translate into Greek :

1. The wives led the oxen to the orators and to their husbands.
2. I do not wish to cast the holy thing to the dogs nor (οὐδέ) the bread to the swine.
3. She wiped [3] his feet [4] with the hairs of her head.
4. Thou art by no means (οὐδαμῶς) least [5] among (ἐν) the leaders of the people.
5. They came into the land with their rulers.
6. With what large (use the adj. πηλίκος, -η, -ον) letters I wrote to you with my own hand !

## THIRD DECLENSION ADJECTIVES

ἀληθής, *true*

| | CASE | MASC. | FEM. | NEUTER |
|---|---|---|---|---|
| SINGULAR | NOM. | ἀληθής | ἀληθής | ἀληθές |
| | ACC. | ἀληθῆ | ἀληθῆ | ἀληθές |
| | GEN. | ἀληθοῦς | ἀληθοῦς | ἀληθοῦς |
| | DAT. | ἀληθεῖ | ἀληθεῖ | ἀληθεῖ |
| PLURAL | NOM. | ἀληθεῖς | ἀληθεῖς | ἀληθῆ |
| | ACC. | ἀληθεῖς | ἀληθεῖς | ἀληθῆ |
| | GEN. | ἀληθῶν | ἀληθῶν | ἀληθῶν |
| | DAT. | ἀληθέσι(ν) | ἀληθέσι(ν) | ἀληθέσι(ν) |

Like ἀληθής are declined ἀσθενής, *weak, sick* ; εὐγενής, *of noble birth.*

[1] δεῖ with the accusative and infinitive is the way to translate 'must' into Greek, e.g. : οὐ δεῖ με μένειν, *I must not stay.*

[2] ἡ οἰκουμένη (sc. γῆ), *the inhabited earth.*

[3] ἐκμάσσω, fut. ἐκμάξω, aor. ἐξέμαξα.

[4] ὁ πούς, gen. ποδός, *foot.*

[5] ἐλάχιστος, -η, -ον.

*ἄφρων, foolish*

| | CASE | MASC. | FEM. | NEUTER |
|---|---|---|---|---|
| SINGULAR | NOM. | ἄφρων | ἄφρων | ἄφρον |
| | ACC. | ἄφρονα | ἄφρονα | ἄφρον |
| | GEN. | ἄφρονος | ἄφρονος | ἄφρονος |
| | DAT. | ἄφρονι | ἄφρονι | ἄφρονι |
| PLURAL | NOM. | ἄφρονες | ἄφρονες | ἄφρονα |
| | ACC. | ἄφρονας | ἄφρονας | ἄφρονα |
| | GEN. | ἀφρόνων | ἀφρόνων | ἀφρόνων |
| | DAT. | ἄφροσι(ν) | ἄφροσι(ν) | ἄφροσι(ν) |

Like ἄφρων are declined σώφρων, *prudent* ; εὐσχήμων, *of honourable estate.*

NOTE : From πλήρης, *full* (declined like ἀληθής) is formed the verb πληρόω, *I fill* or *fulfil.* (See p. 39.)

Some adjectives have the masculine and neuter of the third declension, e.g. :

πᾶς, πᾶσα, πᾶν, *all*

| | CASE | MASC. | FEM. | NEUTER |
|---|---|---|---|---|
| SINGULAR | NOM. | πᾶς | πᾶσα | πᾶν |
| | ACC. | πάντα | πᾶσαν | πᾶν |
| | GEN. | παντός | πάσης | παντός |
| | DAT. | παντί | πάσῃ | παντί |
| PLURAL | NOM. | πάντες | πᾶσαι | πάντα |
| | ACC. | πάντας | πάσας | πάντα |
| | GEN. | πάντων | πασῶν | πάντων |
| | DAT. | πᾶσι(ν) | πάσαις | πᾶσι(ν) |

There is a strengthened form of πᾶς, viz. ἅπας, ἅπασα, ἅπαν. Note the uses of πᾶς :

πάντα τὰ τέκνα, *all the children*
πᾶσα ἡ πόλις, *the whole city*
πᾶσα πόλις, *every city*
πάντες, *all men*
πάντα or τὰ πάντα, *all things*

*μέλας, black*

| | CASE | MASC. | FEM. | NEUTER |
|---|---|---|---|---|
| SINGULAR | NOM. | μέλας | μέλαινα | μέλαν |
| | ACC. | μέλανα | μέλαιναν | μέλαν |
| | GEN. | μέλανος | μελαίνης | μέλανος |
| | DAT. | μέλανι | μελαίνῃ | μέλανι |
| PLURAL | NOM. | μέλανες | μέλαιναι | μέλανα |
| | ACC. | μέλανας | μελαίνας | μέλανα |
| | GEN. | μελάνων | μελαινῶν | μελάνων |
| | DAT. | μέλασι(ν) | μελαίναις | μέλασι(ν) |

(τὸ μέλαν means *ink*, 2 Cor. 3[3], 2 John[12], 3 John[13].)

*ταχύς, swift*

| | CASE | MASC. | FEM. | NEUTER |
|---|---|---|---|---|
| SINGULAR | NOM. | ταχύς | ταχεῖα | ταχύ |
| | ACC. | ταχύν | ταχεῖαν | ταχύ |
| | GEN. | ταχέως | ταχείας | ταχέως |
| | DAT. | ταχεῖ | ταχείᾳ | ταχεῖ |
| PLURAL | NOM. | ταχεῖς | ταχεῖαι | ταχέα |
| | ACC. | ταχεῖς | ταχείας | ταχέα |
| | GEN. | ταχέων | ταχειῶν | ταχέων |
| | DAT. | ταχέσι(ν) | ταχείαις | ταχέσι(ν) |

Like ταχύς are declined : βαθύς, *deep* ; βαρύς, *heavy* ; βραδύς, *slow* ; βραχύς, *short* ; γλυκύς, *sweet* ; εὐθύς, *straight* ; ὀξύς, *sharp* ; πραΰς, *gentle, meek* ; τραχύς, *rough* ; πλατύς, *broad* (ἡ πλατεῖα means *the street*) ; εὐρύς, *broad* ; παχύς, *thick.*

## EXERCISE 25

Translate into English :

1. καὶ ἀποστέλλουσιν αὐτῷ τοὺς μαθητὰς αὐτῶν μετὰ τῶν Ἡρῳδιανῶν λέγοντας (*saying*), Διδάσκαλε, γινώσκομεν ὅτι ἀληθὴς εἶ καὶ τὴν ὁδὸν τοῦ Θεοῦ ἐν ἀληθείᾳ διδάσκεις.

2. ὃς λαμβάνει τὴν μαρτυρίαν τοῦ Λόγου μετὰ πίστεως καὶ χαρᾶς, οὗτος σφραγίζει [1] ὅτι ὁ Θεὸς ἀληθής ἐστιν. ὃν γὰρ ἀπέστειλεν ὁ Θεός, τὰ ῥήματα τοῦ Θεοῦ λαλεῖ· οὐ γὰρ ἐκ μέτρου ἦλθεν τὸ Πνεῦμα ἐπὶ τοὺς μαθητάς, οὓς οἱ ἀπόστολοι ἐβάπτισαν.
3. λέγει αὐτῇ ὁ Ἰησοῦς, Ἀληθές ἐστιν ὅτι οὐκ ἔχεις ἄνδρα· πέντε γὰρ ἄνδρας ἔσχες, καὶ νῦν ὃν ἔχεις οὔκ ἐστίν σου ἀνήρ· τοῦτο ἀληθὲς λέγεις. λέγει αὐτῷ ἡ γυνή, Κύριε, θεωρῶ ὅτι προφήτης εἶ σύ. οἱ πατέρες ἡμῶν ἐν ὄρει τούτῳ προσεκύνησαν· καὶ ὑμεῖς λέγετε ὅτι ἐν Ἱεροσολύμοις ἐστὶν ὁ τόπος ὅπου προσκυνεῖν δεῖ. λέγει αὐτῇ ὁ Ἰησοῦς, Πίστευέ μοι, γύναι, ὅτι οἱ σώφρονες προσκυνήσουσι τῷ Θεῷ τῷ Πατρὶ ἐν πνεύματι καὶ ἀληθείᾳ, καὶ οἱ πραεῖς κληρονομήσουσι τὴν γῆν.
4. οὔκ ἐστιν ἐν τῇ ἐξουσίᾳ ὑμῶν ποιεῖν μίαν (*one*) τρίχα λευκὴν ἢ μέλαιναν.
5. οἱ μαθηταὶ τῆς Κορίνθου ἦσαν ὥσπερ [2] τέκνα ἀγαπητὰ τοῦ Παύλου. ἐκάλεσε γὰρ αὐτοὺς τὰς ἐπιστολὰς αὐτοῦ, ἃς ἔγραψεν οὐ μέλανι ἀλλὰ Πνεύματι Θεοῦ, ὃς ζῇ εἰς τοὺς αἰῶνας τῶν αἰώνων.[3]
6. εἰσέλθετε διὰ τῆς στενῆς πύλης· ὅτι πλατεῖά ἐστιν ἡ πύλη καὶ εὐρεῖα ἡ ὁδὸς ἣ ἀπάγει εἰς τὴν ἀπώλειαν, καὶ πολλοὶ βαίνουσι δι' αὐτῆς.

πολύς, *much*, πολλοί, *many*

| | CASE | MASC. | FEM. | NEUTER |
|---|---|---|---|---|
| SINGULAR | NOM. | πολύς | πολλή | πολύ |
| | ACC. | πολύν | πολλήν | πολύ |
| | GEN. | πολλοῦ | πολλῆς | πολλοῦ |
| | DAT. | πολλῷ | πολλῇ | πολλῷ |
| PLURAL | NOM. | πολλοί | πολλαί | πολλά |
| | ACC. | πολλούς | πολλάς | πολλά |
| | GEN. | πολλῶν | πολλῶν | πολλῶν |
| | DAT. | πολλοῖς | πολλαῖς | πολλοῖς |

[1] σφραγίζω, *I seal*, a word closely connected with ἡ σφραγίς (gen. σφραγῖδος), a term applied in the early church to baptism (cf. 2 Cor. 1[22], Eph. 1[13], 4[30]) and the gift of the Holy Spirit. See G. W. H. Lampe, *The Seal of the Spirit* (1951).

[2] *as it were.*

[3] *for ever and ever.*

μέγας, *great*

| | CASE | MASC. | FEM. | NEUTER |
|---|---|---|---|---|
| SINGULAR | NOM. | μέγας | μεγάλη | μέγα |
| | ACC. | μέγαν | μεγάλην | μέγα |
| | GEN. | μεγάλου | μεγάλης | μεγάλου |
| | DAT. | μεγάλῳ | μεγάλῃ | μεγάλῳ |
| PLURAL | NOM. | μεγάλοι | μεγάλαι | μεγάλα |
| | ACC. | μεγάλους | μεγάλας | μεγάλα |
| | GEN. | μεγάλων | μεγάλων | μεγάλων |
| | DAT. | μεγάλοις | μεγάλαις | μεγάλοις |

εἷς, *one*

| CASE | MASC. | FEM. | NEUTER |
|---|---|---|---|
| NOMINATIVE | εἷς | μία | ἕν |
| ACCUSATIVE | ἕνα | μίαν | ἕν |
| GENITIVE | ἑνός | μιᾶς | ἑνός |
| DATIVE | ἑνί | μιᾷ | ἑνί |

οὐδείς, *no-one*

| CASE | MASC. | FEM. | NEUTER |
|---|---|---|---|
| NOMINATIVE | οὐδείς | οὐδεμία | οὐδέν |
| ACCUSATIVE | οὐδένα | οὐδεμίαν | οὐδέν |
| GENITIVE | οὐδενός | οὐδεμιᾶς | οὐδενός |
| DATIVE | οὐδενί | οὐδεμιᾷ | οὐδενί |

δύο, *two*

ALL GENDERS

NOM. ACC. GEN. δύο

DATIVE δυσί(ν)

τρεῖς, *three*

| CASE | MASC. | FEM. | NEUTER |
|---|---|---|---|
| NOM. ACC. | τρεῖς | τρεῖς | τρία |
| GEN. | τριῶν | τριῶν | τριῶν |
| DATIVE | τρισί(ν) | τρισί(ν) | τρισί(ν) |

NOTE : *four.* Nom. masc. and fem., τέσσαρες, neut. τέσσαρα. Acc. masc. and fem., τέσσαρας, neuter, τέσσαρα. Genitive, all genders, τεσσάρων. Dative, all genders, τέσσαρσι(ν).

NOTE : *οὐδέν, nothing. οὐδεμία γυνή, no woman.* οὐδείς is used with the indicative. With all other moods use μηδείς, declined like οὐδείς.

## EXERCISE 26

Translate into English :

1. *ἠκούσαμεν φωνὴν ἐν τῇ πόλει, καὶ κλαυθμὸν καὶ ὀδυρμὸν πολύν.*
2. *καὶ ἠκολούθησαν αὐτῷ ὄχλοι πολλοὶ ἀπὸ τῆς Γαλιλαίας Δεκαπόλεως καὶ Ἱεροσολύμων καὶ Ἰουδαίας καὶ πέραν τοῦ Ἰορδάνου.*
3. *τότε ὁ βασιλεὺς εἶπεν τοῖς δέκα διακόνοις, Δεῖτε* [1] *αὐτοῦ τοὺς πόδας καὶ τὰς χεῖρας καὶ ἐκβάλετε αὐτὸν εἰς τὸ σκότος τὸ ἐξώτερον· ἐκεῖ ἔσται ὁ κλαυθμὸς καὶ ὁ βρυγμὸς τῶν ὀδόντων. πολλοὶ γάρ εἰσιν κλητοί, ὀλίγοι δὲ ἐκλεκτοί.*
4. *ἐγὼ δὲ λέγω ὑμῖν μὴ ὀμόσαι ὅλως· μήτε ἐν τῷ οὐρανῷ, ὅτι θρόνος ἐστὶν τοῦ Θεοῦ· μήτε ἐν τῇ γῇ, ὅτι ὑποπόδιόν ἐστιν τῶν ποδῶν αὐτοῦ· μήτε εἰς Ἱεροσόλυμα, ὅτι πόλις ἐστὶν τοῦ μεγάλου βασιλέως. μηδὲ ἐν τῇ κεφαλῇ σου ὄμνυε, ὅτι οὐ ποιήσεις μίαν τρίχα λευκὴν ἢ μέλαιναν. ἔστω δὲ ὁ λόγος ὑμῶν, Ναὶ ναί, οὒ οὔ.*
5. *Διὰ τοῦτο ὁμοιῶ τὴν βασιλείαν τῶν οὐρανῶν ἀνθρώπῳ ὅς ἐστι βασιλεύς, ὃς ἠθέλησεν συνᾶραι* [2] *λόγον μετὰ τῶν δούλων αὐτοῦ. ὅτε δὲ συνῆρεν, πολλοὶ προσέφερον ἕνα αὐτῷ ὀφειλέτην μυρίων ταλάντων.*
6. *Ἀμὴν λέγω ὑμῖν, ἃ δήσετε ἐπὶ τῆς γῆς ἔσται δεδεμένα* [3] *ἐν οὐρανῷ, καὶ ἃ λύσετε ἐπὶ τῆς γῆς ἔσται λελυμένα* [3] *ἐν οὐρανῷ. οὗ (where) γάρ εἰσιν δύο ἢ τρεῖς οἳ προσκυνοῦσιν εἰς τὸ ἐμὸν ὄνομα, ἐκεῖ εἰμι ἐν μέσῳ αὐτῶν.*

Translate into Greek :

1. We have three or four books in the temple, and we read the Scriptures in the great synagogue.
2. Many people inhabit that great city which the king who has black hair [4] built on behalf of the glory of God.

[1] Second pers. pl. pres. imp. active of δέω, *I bind.*

[2] Aor. infin. act. of συναίρειν, lit. *to raise an account* (λόγον), i.e. *to reckon* (Matt. 18[23]).

[3] *bound . . . loosed,* Rabbinic terms meaning 'forbidden', 'permitted'.

[4] Plural.

THE INTERROGATIVE PRONOUN *τίς; who?* THE INDEFINITE PRONOUN *τις, someone, anyone.* THE LENGTHENED RELATIVE PRONOUN *ὅστις, who, whosoever*; sometimes also with the same meaning as the Latin *quippe qui, inasmuch as he, because he*

| | CASE | MASC. | FEM. | NEUTER | MASC. | FEM. | NEUTER |
|---|---|---|---|---|---|---|---|
| SINGULAR | NOM. | τίς | τίς | τί | ὅστις | ἥτις | ὅτι |
| | ACC. | τίνα | τίνα | τί | | | |
| | GEN. | τίνος | τίνος | τίνος | ὅτου | | ὅτου |
| | DAT. | τίνι | τίνι | τίνι | | | |
| PLURAL | NOM. | τίνες | τίνες | τίνα | οἵτινες | αἵτινες | ἅτινα |
| | ACC. | τίνας | τίνας | τίνα | | | |
| | GEN. | τίνων | τίνων | τίνων | | | |
| | DAT. | τίσι(ν) | τίσι(ν) | τίσι(ν) | | | |

The indefinite pronoun τις (note, *without* an accent) is declined like τίς.

EXAMPLES: *τίς ἦλθεν; who came? ἦλθέ τις, someone came.* τις indefinite is never first word of the sentence.

EXAMPLES of the use of ὅστις:

Matt. 5[39]: *ὅστις σε ῥαπίζει εἰς τὴν δεξιάν σου σιαγόνα, whoever strikes thee on thy right cheek.*

Acts 10[47]: *μήτι τὸ ὕδωρ κωλῦσαι δύναταί τις τοῦ μὴ βαπτισθῆναι τούτους, οἵτινες τὸ Πνεῦμα τὸ Ἅγιον ἔλαβον ὡς καὶ ἡμεῖς; Can anyone forbid water that these should not be baptized, seeing that they have received the Holy Spirit as we also?*

NOTE that τίς, τις can be used adjectivally:

*γυνή τις ἔμενεν ἐκεῖ, a certain woman was remaining there.*
*τίς γυνὴ ἔμενεν ἐκεῖ; What woman was remaining there?*

## EXERCISE 27

Translate into English:

1. εὑρίσκει Φίλιππος τὸν Ναθαναὴλ καὶ λέγει αὐτῷ, Ὃν ἔγραψεν Μωϋσῆς ἐν τῷ νόμῳ καὶ οἱ προφῆται εὑρήκαμεν, Ἰησοῦν τὸν

υἱὸν τοῦ Ἰωσὴφ τὸν ἀπὸ Ναζαρέθ. καὶ εἶπεν αὐτῷ Ναθαναήλ, Ἐκ Ναζαρὲθ δύναταί [1] τι ἀγαθὸν εἶναι; λέγει αὐτῷ ὁ Φίλιππος, Ἔλθε καὶ ἴδε. εἶδεν Ἰησοῦς τὸν Ναθαναὴλ ὃς ἔβαινε πρὸς αὐτὸν καὶ εἶπεν αὐτοῖς περὶ αὐτοῦ, Ἴδε ἀληθὴς Ἰσραηλείτης, ἐν ᾧ δόλος οὐκ ἔστιν. λέγει αὐτῷ Ναθαναήλ, Πόθεν με γινώσκεις; εἶπεν ὁ Ἰησοῦς αὐτῷ, Πρὸ [2] τοῦ σε Φίλιππον φωνῆσαί σε ὑπὸ τὴν συκῆν, εἶδόν σε.

2. ἡμεῖς οἵτινες ἀπεθάνομεν τῇ ἁμαρτίᾳ, πῶς ἔτι ζήσομεν ἐν αὐτῇ;
3. Ἐγώ εἰμι ὁ ποιμὴν ὁ καλός. ὁ ποιμὴν ὁ καλὸς ποῖει ἑαυτὸν θυσίαν ὑπὲρ τῶν προβάτων· ὁ μισθωτός, ὃς οὔκ ἐστιν ἀληθὴς ποιμήν, οὗ οὔκ ἐστι τὰ πρόβατα, θεωρεῖ τὸν λύκον καὶ φεύγει, καὶ ὁ λύκος ἁρπάζει αὐτὰ καὶ σκορπίζει, ὅτι μισθωτός ἐστιν καὶ οὐ μέλει αὐτῷ (*he does not care* : lit., *it is not a concern to him*) περὶ τῶν προβάτων. ἐγώ εἰμι ὁ ποιμὴν ὁ καλός, καὶ γινώσκω τὰ ἐμὰ καὶ γινώσκουσί με τὰ ἐμά, καθὼς γινώσκει με ὁ Πατὴρ κἀγὼ [3] γινώσκω τὸν Πατέρα.
4. οἱ ἀδελφοί μού εἰσιν Ἰσραηλεῖται, ὧν ἡ υἱοθεσία καὶ ἡ δόξα καὶ αἱ διαθῆκαι καὶ ἡ νομοθεσία καὶ ἡ λατρεία καὶ αἱ ἐπαγγελίαι, ὧν οἱ πατέρες, καὶ ἐξ ὧν ὁ Χριστὸς κατὰ σάρκα. (Supply the verb *to be*.)

Translate into Greek :

1. He raised David (τὸν Δαυείδ) for them to be their king, to whom also he said in witness (μαρτυρία), 'I have found David the son of Jesse (τοῦ Ἰέσσαι), a man according to my heart, who will do all my will'.
2. Mortify (νεκρόω) therefore your limbs which are on earth, fornication, passion (πάθος, neuter), and covetousness (πλεονεξία), which is idolatry.

## COMPARISON OF ADJECTIVES

| POSITIVE | COMPARATIVE |
|---|---|
| δίκαιος, *righteous* | δικαιότερος, *more righteous* |
| σοφός, *wise* | σοφώτερος, *wiser* |

[1] *can, is able.*

[2] πρὸ with the gen. ' before ' (*before Philip called thee*).

[3] = καὶ ἐγὼ (*crasis*, i.e. a mixing).

SUPERLATIVE

*δικαιότατος, most righteous*
*σοφώτατος, wisest, very wise*

N.B. : When the vowel preceding the last in the positive is short the comparative ends in -ώτερος and the superlative in -ώτατος. But if the vowel preceding the last in the positive is long the comparative ends in -ότερος and the superlative in -ότατος.

IRREGULAR COMPARISON

| POSITIVE | COMPARATIVE | SUPERLATIVE |
|---|---|---|
| *μέγας, great* | *μείζων,[1] greater* | *μέγιστος, greatest* |
| *ταχύς, swift* | *ταχίων, swifter* | *τάχιστος, swiftest* |
| *ἀγαθός, good* | *κρείττων, κρείσσων, βελτίων, better* | *κράτιστος, best, most excellent* |
| *κακός, bad* | *ἥσσων, ἥττων, χείρων, worse* | |
| *μικρός, small* | *μικρότερος, ἐλάσσων, ἐλάττων, ἥσσων, smaller, less* | *ἐλάχιστος, least* |
| *πολύς, much* | *πλείων, πλέων, more* | *πλεῖστος, most* |
| *καλός, good, beautiful* | *καλλίων, better, more beautiful* | *κάλλιστος, best, most beautiful* |

The comparatives ending in -ων are declined thus :

SINGULAR

| | MASC., FEM. | NEUT. |
|---|---|---|
| NOM. | μείζων | μεῖζον |
| ACC. | μείζονα, μείζω | μεῖζον |
| GEN. | μείζονος | μείζονος |
| DAT. | μείζονι | μείζονι |

PLURAL

| | MASC., FEM. | NEUT. |
|---|---|---|
| NOM. | μείζονες, μείζους | μείζονα, μείζω |
| ACC. | μείζονας, μείζους | μείζονα, μείζω |
| GEN. | μειζόνων | μειζόνων |
| DAT. | μείζοσι | μείζοσι |

[1] μειζότερος is found at 3 John[4].

A comparative is followed either by a genitive of comparison or by ἤ, *than*, followed by the same case after as before, e.g. :

*He is wiser than his son.*
*σοφώτερός ἐστιν τοῦ υἱοῦ.*
*σοφώτερός ἐστιν ἢ ὁ υἱός.*

In the N.T. the comparative is often used in the sense of the superlative, e.g. :

*νυνὶ δὲ μένει πίστις, ἐλπίς, ἀγάπη, τὰ τρία ταῦτα, μείζων δὲ τούτων ἡ ἀγάπη.*

*Now remain faith, hope, charity* (Christian love [1]), *these three, but the greatest of these is charity.*

On the other hand the superlative can be used for the comparative, e.g. : *πρῶτος*, *first* is used in the sense of *πρότερος*, *before*, e.g. :

*πρῶτός μου ἦν*, *he was before me* (John 1[15]).

EXERCISE 28

Translate into English :

1. *οὗτός ἐστιν ὁ ἄνθρωπος περὶ οὗ αἱ γραφαὶ λέγουσιν, Ἰδοὺ ἐγὼ ἀποστέλλω τὸν ἄγγελόν μου πρὸ προσώπου σου, ὃς κατασκευάσει τὴν ὁδόν σου ἔμπροσθέν σου. ἀμὴν λέγω ὑμῖν, οὐδείς ἐστιν ἐν υἱοῖς γυναικῶν μείζων Ἰωάννου Βαπτιστοῦ· ὁ δὲ μικρότερος ἐν τῇ βασιλείᾳ τῶν οὐρανῶν μείζων αὐτοῦ ἐστιν.*
2. *θαυμάζουσιν οἱ μαθηταὶ ἐπὶ τοῖς σημείοις ἃ ὁ Ἰησοῦς πεποίηκεν· ἀλλὰ μείζω τούτων βλέψουσιν.*

## COMPARISON OF ADJECTIVES (*continued*)

| POSITIVE | COMPARATIVE | SUPERLATIVE |
|---|---|---|
| *ἀκριβής*, *exact* | *ἀκριβέστερος* | *ἀκριβέστατος* |
| *ἀληθής*, *true* | *ἀληθέστερος* | *ἀληθέστατος* |
| *σαφής*, *clear* | *σαφέστερος* | *σαφέστατος* |
| *δεισιδαίμων*, *religious* | *δεισιδαιμονέστερος* | *δεισιδαιμονέστατος* |

EXERCISE 29

Translate into English :

1. *οἱ λόγοι μου ἀκριβέστεροί εἰσι τῶν σῶν.*
2. *οἱ Ἰουδαῖοι δεισιδαιμονέστεροι ἦσαν ἢ οἱ Ἕλληνες.*

[1] *ἀγάπη* was virtually a new word coined by Christians to denote the love of God, Christ, and the Christian, as distinct from *ἡ φιλία*, *human friendship*, and *ὁ ἔρως* (gen. *ἔρωτος*), *sexual love.*

3. οὐδέποτε ἑωράκαμεν ἵππους ταχίονας τούτων.
4. ὃς θέλει ἐλάχιστος εἶναι ἐν τοῖς μαθηταῖς τοῦ Κυρίου μέγιστος ἔσται ἐν τῇ βασιλείᾳ τῶν οὐρανῶν.
5. ἔδοξεν ἐμοί, κράτιστε Θεόφιλε, ἀκριβῶς (*accurately*) γράψαι σοι ἃ ὁ Ἰησοῦς ἐκήρυξε καὶ ἔπραξεν.

Translate into Greek:

1. There are more books in my house than in yours.
2. The disciples of Jesus were wiser than the scribes.
3. They heard the truest words in the synagogue.
4. We knew that the children of the priests were most religious.
5. This temple is greater than all churches.
6. We have seen the greatest river in the world.

NOTE: διαφέρω, *I am better than*, is followed by a genitive of comparison, with or without μᾶλλον, *more* (see p. 60):

οὐχ ὑμεῖς μᾶλλον διαφέρετε αὐτῶν; *Are you not much better than they?* (Matt. 6[26]).

πολλῶν στρουθίων διαφέρετε ὑμεῖς, *you are of more value than many sparrows* (Matt. 10[31]).

## ADVERBS

Some adverbs are formed from adjectives in one of the two following ways:

1. The accusative neuter singular of the adjective may be used as an adverb, e.g.:

πρῶτον, *first*
δεύτερον, *the second time*
τρίτον, *for the third time*
μικρόν, *for a little while, a little way*
μόνον, *alone, only*
ταχύ, *quickly*
πρότερον, *before*
ὕστερον, *later*
πολύ, *greatly*

2. The suffix -ως may be used, e.g.:

ἀληθῶς, *truly*
κακῶς, *badly*
καλῶς, *well* (=εὖ)
ὅλως, *altogether*
ἀκριβῶς, *accurately*
ὁμοίως, *similarly*
περισσῶς, *abundantly*
ταχέως, *quickly*
φανερῶς, *openly*
ἑτοίμως, *readily*

ADVERBS OF TIME

ἀεί, πάντοτε, *always*
ἄρτι, *now, just now*
νῦν, νυνί, *now*
εἶτα, ἔπειτα, *then, next*
αὔριον, ἐπαύριον, *on the morrow* (N.B.: ἡ αὔριον, sc. ἡμέρα, *the morrow*)
εὐθέως, εὐθύς, *straightway*
ἐχθές, χθές, *yesterday*
σήμερον, *today*
ἤδη, *now, already*
οὐδέποτε, *never* (=οὔποτε)
οὔπω, οὐδέπω, *not yet*
οὐδεπώποτε, *never yet*
οὐκέτι, *no longer*
ἔτι, *still*
πάλιν, *again*
πολλάκις, *often*
πρωΐ, *in the morning*
πώποτε, *ever yet*
τότε, *then*
πάλαι, *of old*

With moods other than the indicative οὐ becomes μή, οὐδέποτε becomes μηδέποτε and so on. The adverbial numerals (e.g.: πεντάκις, *five times*, see p. 112) are also adverbs of time.

ADVERBS OF PLACE

ἀλλαχοῦ, *elsewhere*
ἀλλαχόθεν, *from another place*
ἄνω, *up, upwards, above*
ἄνωθεν, *from above* (also of time: *again*)[1]
δεῦρο, *hither* (often used as an imperative, *come hither*)
δεῦτε, *hither*
ἐγγύς, *near*
ἐκεῖ, *there*
ἐκεῖθεν, *thence*
ἔμπροσθεν, *before, in front* (also used as a preposition with gen.)
ἐνθάδε, *here, hither*
ἔνθεν, *hence*
ἔξω, *outside*
χαμαί, *on the ground*
ἔξωθεν, *from without*
ἔσω, *within*
κάτω, *down, beneath*
μακράν, *far*
μακρόθεν, *from afar*
μεταξύ, *between*
ὀπίσω, *back, behind, after*
πανταχοῦ, *everywhere*
πάντοθεν, *from all sides*
πέραν, *on the other side*
πλησίον, *near* (N.B.: ὁ πλησίον, *the neighbour*)
πόρρω, *far off*
πόρρωθεν, *from afar*
ὧδε, *hither, here*

The adverbs can be preceded by the article, e.g.: οἱ τότε, *the people of that time.*

[1] Note the *double entendre* in John 3³·⁷, inexpressible in Aramaic.

Adverbs of Manner

| | |
|---|---|
| *ἀμήν, verily* | *ὁμοῦ, together* |
| *δωρεάν, freely* | *ὅμως, nevertheless* |
| *Ἑβραϊστί, in Hebrew, Ἑλληνιστί, in Greek* | *ὁμοίως, similarly* |
| *ἡδέως, sweetly* | *ὄντως, really* |
| *ἰδίᾳ, separately* | *οὕτως, thus, so* |
| *κρυφῇ, secretly* [1] | *Ῥωμαϊστί, in Latin* |
| *λάθρᾳ, secretly* [1] | *σπουδαίως, earnestly* |
| *τάχα, perhaps* | *σφόδρα, exceedingly* |
| | *χωρίς, separately* |

Note the idiomatic use of *ἔχω* with an adverb:

*ἐσχάτως ἔχει* (Mark 5$^{23}$), *she is at the point of death, at her last gasp.*
*οἱ κακῶς ἔχοντες* (Mark 2$^{17}$), *they that are sick.*
*ἑτοίμως ἔχω* (Acts 21$^{13}$), *I am ready.*

## COMPARISON OF ADVERBS

The comparative of an adverb is supplied by the accusative neuter singular of the comparative adjective (e.g.: *σοφώτερον, more wisely, μεῖζον, more greatly, πλεῖον, more*), and the superlative of an adverb by the accusative neuter plural of the superlative of the adjective (e.g.: *τάχιστα, very quickly, most quickly.* N.B.: *ὡς τάχιστα, as quickly as possible*).

| POSITIVE | COMPARATIVE | SUPERLATIVE |
|---|---|---|
| *ἄγχι, near* | *ἆσσον* | |
| *ἐγγύς, near* | *ἐγγύτερον* | *ἔγγιστα* |
| *εὖ, well* | *κρεῖσσον, βέλτιον* | *κράτιστα* |
| *ἄνω, up, above* | *ἀνώτερον* | |
| *ἡδέως, sweetly* | | *ἥδιστα* |
| *κακῶς, badly* | *ἧσσον, ἧττον, χεῖρον* | |
| *καλῶς, well, rightly* | *κάλλιον* | |
| *κάτω, down, beneath* | *κατωτέρω* (N.B.: *τὰ κατώτερα, the lower regions*) | |
| *μάλα, very* | *μᾶλλον, more* | *μάλιστα, most* |
| *μικρόν, for a little way, a little while* | *ἔλασσον, ἔλαττον, less* | *ἐλάχιστα, least* |

[1] The iota subscript is sometimes omitted.

| | | |
|---|---|---|
| πέραν, *beyond* | περαιτέρω, *further* | |
| περισσῶς, *abundantly* | περισσότερον, περισσοτέρως | |
| πολύ, *greatly* | πλεῖον, πλέον | |
| πόρρω, *far off* | πορρώτερον | |
| ταχύ, *quickly* | τάχιον, τάχειον | τάχιστα |

## EXERCISE 30

Translate into English:

1. τότε Ἡρῴδης λάθρα ἐκάλεσε τοὺς μάγους καὶ ἠκρίβωσεν [1] παρ' αὐτῶν πότε εἶδον πρῶτον τὸν ἀστέρα, καὶ ἔπεμψεν αὐτοὺς εἰς Βηθλεέμ, καὶ εἶπεν, Βαίνετε, ἐξετάσατε ἀκριβῶς περὶ τοῦ παιδίου.
2. οὕτως πρέπον ἐστὶν ἡμῖν πληρῶσαι πᾶσαν δικαιοσύνην.
3. καὶ λέγει αὐτοῖς, Δεῦτε ὀπίσω μου, καὶ ποιήσω ὑμᾶς ἁλεεῖς ἀνθρώπων.
4. ἴσθι φίλιος τῷ ἀδελφῷ σου ἕως ὅτου [2] εἶ μετ' αὐτοῦ ἐν τῇ ὁδῷ.
5. εἰ ἀγαπήσετε τοὺς φίλους ὑμῶν μόνον, τίνα μισθὸν ἔχετε· οὐχὶ καὶ οἱ τελῶναι τὸ αὐτὸ ποιοῦσιν; καὶ εἰ ἀγαπᾶτε τοὺς ἀδελφοὺς ὑμῶν μόνον, τί περισσὸν ποιεῖτε; οὐχὶ καὶ οἱ ἐθνικοὶ (=τὰ ἔθνη) τὸ αὐτὸ ποιοῦσιν; ἔσεσθε οὖν ὑμεῖς τέλειοι ὡς ὁ Πατὴρ ὑμῶν ὁ οὐράνιος τέλειός ἐστιν. πόσῳ οὖν διαφέρει ἄνθρωπος προβάτου;
6. προσέχετε ἀπὸ τῶν ψευδοπροφητῶν, οἵτινες βαίνουσι πρὸς ὑμᾶς ἐν ἐνδύμασιν προβάτων, ἔσωθεν δέ εἰσιν λύκοι ἅρπαγες.
7. καὶ προῆλθεν μικρὸν καὶ ἔπεσεν ἐπὶ πρόσωπον αὐτοῦ καὶ ἔλεγεν, Πάτερ μου, εἰ δυνατόν ἐστι, αἶρε ἀπ' ἐμοῦ τὸ ποτήριον τοῦτο, πλὴν οὐχ ὡς ἐγὼ θέλω, ἀλλ' ὡς σύ.

Translate into English:

1. I am greater than thou and wiser than Solomon.
2. For the third time I said, The wine is sweeter than the water.
3. Do this as quickly as possible. Else (εἰ δὲ μήγε) you will never be a son of God.
4. How did you go so far?
5. Where is the least of the slaves of the king?
6. Did you not do this? Surely you will not stay in the city?

[1] ἀκριβόω, *I ascertain exactly* (ἀκριβῶς).

[2] ἕως ὅτου, *while*, see p. 67.

## ACTIVE PARTICIPLES OF λύω

PRESENT : *λύων, loosing*

| CASE | | MASC. | FEM. | NEUT. |
|---|---|---|---|---|
| SINGULAR | NOM. | λύων | λύουσα | λῦον |
| | ACC. | λύοντα | λύουσαν | λῦον |
| | GEN. | λύοντος | λυούσης | λύοντος |
| | DAT. | λύοντι | λυούσῃ | λύοντι |
| PLURAL | NOM. | λύοντες | λύουσαι | λύοντα |
| | ACC. | λύοντας | λυούσας | λύοντα |
| | GEN. | λυόντων | λυουσῶν | λυόντων |
| | DAT. | λύουσι(ν) | λυούσαις | λύουσι(ν) |

Like λύων are declined ἑκών, *willing*, and ἄκων, *unwilling*.
The FUTURE Participle active is λύσων, *about to loose*.
It is declined exactly like λύων.

AORIST : *λύσας, having loosed*

| CASE | | MASC. | FEM. | NEUTER |
|---|---|---|---|---|
| SINGULAR | NOM. | λύσας | λύσασα | λῦσαν |
| | ACC. | λύσαντα | λύσασαν | λῦσαν |
| | GEN. | λύσαντος | λυσάσης | λύσαντος |
| | DAT. | λύσαντι | λυσάσῃ | λύσαντι |
| PLURAL | NOM. | λύσαντες | λύσασαι | λύσαντα |
| | ACC. | λύσαντας | λυσάσας | λύσαντα |
| | GEN. | λυσάντων | λυσασῶν | λυσάντων |
| | DAT. | λύσασι(ν) | λυσάσαις | λύσασι |

Like λύσας is declined πᾶς, πᾶσα, πᾶν, *all*.

PERFECT : *λελυκώς, having loosed*

| CASE | | MASC. | FEM. | NEUTER |
|---|---|---|---|---|
| SINGULAR | NOM. | λελυκώς | λελυκυῖα | λελυκός |
| | ACC. | λελυκότα | λελυκυῖαν | λελυκός |
| | GEN. | λελυκότος | λελυκυίας | λελυκότος |
| | DAT. | λελυκότι | λελυκυίᾳ | λελυκότι |
| PLURAL | NOM. | λελυκότες | λελυκυῖαι | λελυκότα |
| | ACC. | λελυκότας | λελυκυίας | λελυκότα |
| | GEN. | λελυκότων | λελυκυιῶν | λελυκότων |
| | DAT. | λελυκόσι(ν) | λελυκυίαις | λελυκόσι(ν) |

The present participle of the verb *to be* is ὤν, οὖσα, ὄν, κτλ.

The present participle of the verb τιμάω is τιμῶν, τιμῶσα, τιμῶν, τιμῶντα, κτλ.

The present participle of the verb φιλέω is φιλῶν, φιλοῦσα, φιλοῦν, φιλοῦντα, κτλ.

The present participle of the verb δηλόω is δηλῶν, δηλοῦσα, δηλοῦν, δηλοῦντα, κτλ.

and so with all contracted verbs.

The second aorist participle active of βαλλω (βαλών, βαλοῦσα, βαλόν)[1] and the present participle of the verb εἰμί, *I am* (ὤν, οὖσα, ὄν) are declined like λύων. As stated above, the present participle active of the contracted verb ποιέω is declined:

NOM. ποιῶν, ποιοῦσα, ποιοῦν.

ACC. ποιοῦντα, ποιοῦσαν, ποιοῦν.

GEN. ποιοῦντος, ποιούσης, ποιοῦντος, κτλ.

## USES OF THE PARTICIPLE

1. *Attendant circumstances*

ἦλθε κηρύσσων, *he came preaching.*

2. *Adjectival.* The definite article and the participle are to be rendered into English by a relative clause (an adjectival clause):

οἱ πιστεύοντες, *those who believe,* οἱ ἄρχοντες, *those who rule, the rulers*
ἀπέκτεινε τοὺς λύσαντας τὸν δοῦλον, *he slew those who had loosed the slave.*

Occasionally a noun will serve as a translation: ὁ σπείρων, *the sower.*

3. *Adverbial,* to represent an adverbial clause in English.

(a) *Temporal:* ἐλθὼν ἔμενεν, *having come* (*when he had come*), *he remained.*

(b) *Causal:* νοσῶν ἄπεστι, *being ill* (*because he is ill*), *he is absent.*

(c) *Conditional:* νοσῶν ἄπεσται, *being ill* (*if he is ill*), *he will be absent.*

(d) *Concessive:* νοσῶν πάρεστι, *although he is ill, he is present.*

Occasional καίπερ or καί is added to the concessive participle:

καίπερ ὢν Υἱός, ἔμαθεν ἀφ' ὧν ἔπαθεν τὴν ὑπακοήν (Heb. 5[8]).
*Although he was a Son, he learned obedience from the things which he suffered.*

[1] Note that there is no augment in the aorist participles.

The negative with the participle is usually *μή*.

The future participle is occasionally used to express purpose:

*ἦλθε σώσων ἡμᾶς, he came to save us.*

The aorist participle of *βαίνω* (aor. indic. *ἔβην*) is *βάς*, *βᾶσα*, *βάν*, like *λύσας*.

The aorist participle active formed from *εἶδον*, *I saw*, is *ἰδών*, declined like *λύων*.

EXERCISE 31

Translate into English:

1. *καὶ ἐμβὰς εἰς πλοῖον διεπέρασεν, καὶ ἦλθεν εἰς τὴν ἰδίαν πόλιν.*
2. *καὶ ταῦτα ἰδόντες οἱ Φαρισαῖοι ἔλεγον τοῖς μαθηταῖς αὐτοῦ, Διὰ τί μετὰ τῶν τελωνῶν καὶ ἁμαρτωλῶν ἐσθίει ὁ διδάσκαλος ὑμῶν; ὁ δὲ ἄκουσας εἶπεν, Οὐ χρείαν ἔχουσιν οἱ ἰσχύοντες ἰατροῦ ἀλλ' οἱ κακῶς ἔχοντες.*
3. *καὶ περιῆγεν ὁ Ἰησοῦς τὰς πόλεις πάσας καὶ τὰς κώμας, διδάσκων ἐν ταῖς συναγωγαῖς αὐτῶν καὶ κηρύσσων τὸ εὐαγγέλιον τῆς βασιλείας καὶ θεραπεύων πᾶσαν νόσον καὶ πᾶσαν μαλακίαν. ἰδὼν δὲ τοὺς ὄχλους ἤθελε βοηθεῖν αὐτοῖς.*[1]
4. *ὁ δὲ Ἰωάννης ἀκούσας ἐν τῷ δεσμωτηρίῳ τὰ ἔργα τοῦ Χριστοῦ, πέμψας διὰ τῶν μαθητῶν αὐτοῦ εἶπεν αὐτῷ, Σὺ εἶ ὁ Υἱὸς τοῦ Θεοῦ;*
5. *ἦλθεν γὰρ Ἰωάννης μήτε*[2] *ἐσθίων μήτε πίνων, καὶ λέγουσιν, Δαιμόνιον ἔχει.*
6. *μακάριοί εἰσιν οἱ πενθοῦντες καὶ οἱ πεινῶντες καὶ οἱ διψῶντες.*
7. *πᾶς γὰρ ὁ αἰτῶν λαμβάνει, καὶ ὁ ζητῶν εὑρίσκει.*
8. *οὐ πᾶς ὁ λέγων μοι, Κύριε, Κύριε, ἀγαθός ἐστιν, ἀλλ' ὁ ποιῶν τὸ θέλημα τοῦ Πατρός μου τοῦ ἐν τοῖς οὐρανοῖς* (sc. *ὄντος*).
9. *ἦν γὰρ διδάσκων*[3] *αὐτοὺς ὡς ἐξουσίαν ἔχων, καὶ οὐχ ὡς οἱ γραμματεῖς αὐτῶν.*

Translate into Greek, using participles wherever possible.

1. We love those who do the will of God and those who have eaten the bread of life.

[1] *βοηθέω, I help*, takes the dative (of advantage).

[2] *μήτε . . . μήτε, neither . . . nor.*

[3] The participle used with the verb *to be* (as in English) is called the periphrastic usage. See below, p. 111.

2. When he had entered the temple, he taught the multitudes.
3. If you stay, you will have glory, and those who see you will praise you.
4. Although he sins, he receives the forgiveness of sins.

## THE GENITIVE ABSOLUTE

A noun or pronoun and a participle may stand by themselves in the genitive case if the noun or pronoun does not denote the same person or thing as the subject or object or indirect object of the clause on which it depends.

This construction is called the Genitive Absolute. The genitive absolute should generally be translated by an adverbial clause in English. The context must decide whether this clause is temporal, causal, conditional, or concessive. E.g.:

καὶ ἐκβαλόντος τοῦ Ἰησοῦ τὰ δαιμόνια, ἀπῆλθον οἱ ὄχλοι.
*And when Jesus had cast out the demons, the crowds went away.*

If the action denoted by the participle is going on at the same time as the action of the main verb, the present participle is used, e.g.:

ἔτι δὲ λαλοῦντος τοῦ Πέτρου τὰ ῥήματα ταῦτα, ἔπεσεν τὸ Πνεῦμα τὸ Ἅγιον ἐπὶ πάντας τοὺς ἀκούοντας τὸν λόγον.
*While Peter was still speaking these sayings, the Holy Spirit fell upon all who were listening to the word.*

N.B.: The rule that the noun or pronoun in a genitive absolute does not refer to the same person or thing as the subject or object of the clause on which it depends is generally observed in Classical Greek. But it is frequently broken in New Testament Greek, e.g.:

καὶ ἐκπορευομένου [1] αὐτοῦ ἐκ τοῦ ἱεροῦ λέγει τις αὐτῷ εἷς τῶν μαθητῶν αὐτοῦ . . .
*And while he was coming out of the temple a certain one of his disciples said* [2] *to him* . . . (Mark 13[1])

μὴ δυναμένου [1] δὲ αὐτοῦ γνῶναι τὸ ἀσφαλὲς . . . ἐκέλευσεν.
*And when he was not able to know the certainty* . . . *he ordered* (Acts 21[34])

[1] These forms are explained later (p. 70).
[2] Mark often uses the graphic present tense for the past.

Sometimes a pronoun subject is omitted, e.g.:

*καὶ ἐλθόντων πρὸς τὸν ὄχλον προσῆλθεν αὐτῷ ἄνθρωπος.*

*And when they had come*, etc. (Matt. 17[14]).

EXERCISE 32

Translate into English:

1. σοῦ δὲ ποιοῦντος ἐλεημοσύνην μὴ γνώτω ἡ ἀριστερά σου τί ποιεῖ ἡ δεξιά σου.
2. ἰδὼν δὲ τοὺς ὄχλους ἀνέβη εἰς τὸ ὄρος· καὶ καθίσαντος αὐτοῦ προσῆλθον αὐτῷ οἱ μαθηταὶ αὐτοῦ· καὶ ἀνοίξας τὸ στόμα αὐτοῦ ἐδίδασκεν αὐτοὺς λέγων, Μακάριοι οἱ ὄντες πτωχοὶ τῷ πνεύματί εἰσιν, ὅτι αὐτῶν ἐστιν ἡ βασιλεία τῶν οὐρανῶν.
3. ἦλθεν Ἰωάννης ὁ βαπτίζων ἐν τῇ ἐρήμῳ κηρύσσων βάπτισμα μετανοίας εἰς ἄφεσιν ἁμαρτιῶν.
4. καὶ παράγων παρὰ τὴν θάλασσαν τῆς Γαλιλαίας εἶδεν Σίμωνα καὶ Ἀνδρέαν τὸν ἀδελφὸν Σίμωνος ἀμφιβάλλοντας ἐν τῇ θαλάσσῃ· ἦσαν γὰρ ἁλεεῖς. καὶ εἶπεν αὐτοῖς ὁ Ἰησοῦς, Δεῦτε ὀπίσω μου, καὶ ποιήσω ὑμᾶς ἁλεεῖς ἀνθρώπων, καὶ εὐθὺς ἀποβαλόντες τὰ δίκτυα ἠκολούθησαν αὐτῷ.
5. ἐγγὺς δὲ οὔσης Λύδδας τῇ Ἰόππῃ, οἱ μαθηταὶ ἀκούσαντες ὅτι Πέτρος ἐστὶν ἐν αὐτῇ, ἀπέστειλαν δύο ἄνδρας πρὸς αὐτόν.

Translate into Greek, using participles:

1. While the Lord was still healing the sick, the disciples preached the gospel.
2. When the apostles had come, the crowds listened to their words.
3. They came to save those who were dying.
4. He sinned because he was evil.
5. We are sinners, although often (πολλάκις) we are good.
6. How shall we walk in the road if the soldiers try to prevent us?
7. He died in his sleep (while sleeping).
8. When he had seen them, he departed.

## THE ATTRACTION OF RELATIVE PRONOUNS

Frequently in the New Testament a relative pronoun, which agrees with its antecedent in gender and number, has been attracted also to the *case* of its antecedent, e.g.:

*ἤγγιζεν ὁ χρόνος τῆς ἐπαγγελίας ἧς ὡμολόγησεν ὁ Θεὸς τῷ Ἀβραάμ.*

*The time of the promise drew near, which God had made* (lit. *agreed*) *to Abraham* (Acts $7^{17}$).

There is an extension of this in certain instances where the relative is attracted to the case of its antecedent, but the antecedent drops out. An example occurs in Acts $26^{22}$:

*οὐδὲν ἐκτὸς λέγων ὧν οἱ προφῆται ἐλάλησαν.*
*Saying nothing but*[1] *what the prophets said.*

This in full would be *οὐδὲν λέγων ἐκτὸς ἐκείνων ἅ. . . .* But the genitive *ἐκείνων* has again attracted the *ἅ* to its own case, and has then been omitted.

This attraction of the relative with the omission of the antecedent is often found in the following phrases:

*ἄχρις οὗ, μέχρις οὗ, ἕως οὗ, ἕως ὅτου, until.*[2] These are the equivalent of *ἄχρι* (*μέχρις, ἕως*) *τοῦ χρόνου ἐν ᾧ, until the time in which.* Compare: *ἀφ' οὗ, since, ἐν ᾧ, while.*

## EXERCISE 33

Translate into English:

1. *καὶ ὁ Ἰωσὴφ ἐποίησεν ὡς προσέταξεν αὐτῷ ὁ ἄγγελος τοῦ Κυρίου, καὶ παρέλαβεν τὴν γυναῖκα αὐτοῦ· καὶ οὐκ ἐγίνωσκεν αὐτὴν ἕως οὗ ἔτεκεν υἱόν.*
2. *ἴσθι εὐνοῶν τῷ ἀντιδίκῳ σου ταχὺ ἕως ὅτου* (*whilst*) *εἶ μετ' αὐτοῦ ἐν τῇ ὁδῷ.*
3. *καλέσας δὲ δέκα δούλους ἑαυτοῦ ἔδωκεν* (*he gave*) *αὐτοῖς ἀργύρια, καὶ εἶπεν πρὸς αὐτούς, Ποιεῖτε πάνθ' ὅσα κελεύω ὑμᾶς ἐν ᾧ ἀπέσομαι.*
4. *καὶ εἴδομεν ἀστραπὰς καὶ ἠκούσαμεν φωνὰς καὶ βροντάς, καὶ σεισμὸς ἦν μέγας, οἷος οὐκ ἦν ἀφ' οὗ ἐποίησεν ἄνθρωπον ὁ Θεός.*

## PASSIVE INDICATIVE OF λύω

PRESENT: *λύομαι, I am loosed, I am being loosed*; IMPERFECT: *ἐλυόμην, I was being loosed, I used to be loosed*; AORIST: *ἐλύθην, I was loosed*; FUTURE: *λυθήσομαι, I shall be loosed.*

[1] *ἐκτός* is a preposition followed by the genitive: *outside of.*

[2] Sometimes *while*, e.g.: Matt. $5^{25}$.

| SING. | PRESENT | IMPERFECT | AORIST | FUTURE |
|---|---|---|---|---|
| 1 | λύομαι | ἐλυόμην | ἐλύθην | λυθήσομαι |
| 2 | λύῃ (λύει) | ἐλύου | ἐλύθης | λυθήσῃ (λυθήσει) |
| 3 | λύεται | ἐλύετο | ἐλύθη | λυθήσεται |
| PLURAL | | | | |
| 1 | λυόμεθα | ἐλυόμεθα | ἐλύθημεν | λυθησόμεθα |
| 2 | λύεσθε | ἐλύεσθε | ἐλύθητε | λυθήσεσθε |
| 3 | λύονται | ἐλύοντο | ἐλύθησαν | λυθήσονται |

PERFECT PASSIVE: λέλυμαι, *I have been loosed*; PLUPERFECT PASSIVE: (ἐ)λελύμην, *I had been loosed.*

| SING. | | PERFECT | PLUPERFECT |
|---|---|---|---|
| | 1 | λέλυμαι | (ἐ)λελύμην |
| | 2 | λέλυσαι | (ἐ)λέλυσο |
| | 3 | λέλυται | (ἐ)λέλυτο |
| PLURAL | | | |
| | 1 | λελύμεθα | (ἐ)λελύμεθα |
| | 2 | λέλυσθε | (ἐ)λέλυσθε |
| | 3 | λέλυνται | (ἐ)λέλυντο |

NOTE: The augment is often omitted in the pluperfect.

The instrument (thing) by which an action is done is expressed by the dative (sometimes with ἐν). The agent (person) by whom the action is done is expressed by ὑπό and the genitive, e.g.:

ἐλύθη ὑπὸ τοῦ δούλου δόλῳ, *he was loosed by the slave* {*by guile.* / *by a trick.*}

## PRINCIPAL PARTS OF VERBS

THE PRINCIPAL PARTS of a verb are: present, future, aorist, perfect active; perfect and aorist passive, e.g.:

λύω, λύσω, ἔλυσα, λέλυκα, λέλυμαι, ἐλύθην, *loose.*

κωλύω, κωλύσω, ἐκώλυσα, κεκώλυκα, κεκώλυμαι, ἐκωλύθην, *prevent.*

But many principal parts are irregular. Learn the following:

| PRES. ACT. | FUT. ACT. | FIRST (WEAK) AOR. ACT. | PERF. ACT. | PERF. PASS. | FIRST AOR. PASS. | MEANING |
|---|---|---|---|---|---|---|
| **διδάσκω** | διδάξω | ἐδίδαξα | | | ἐδιδάχθην | *teach* |
| **θέλω** | θελήσω | ἠθέλησα | | | | *wish, will* |
| **πείθω** | πείσω | ἔπεισα | πέποιθα | πέπεισμαι | ἐπείσθην | *persuade* |
| **πέμπω** | πέμψω | ἔπεμψα | | πέπεμμαι | ἐπέμφθην | *send* |

| PRES. ACT. | FUT. ACT. | FIRST (WEAK) AOR. ACT. | PERF. ACT. | PERF. PASS. | FIRST AOR. PASS. | MEANING |
|---|---|---|---|---|---|---|
| πιστεύω | πιστεύσω | ἐπίστευσα | πεπίστευκα | πεπίστευμαι | ἐπιστεύθην | believe [1] / entrust |
| ἀποκαλύπτω | ἀποκαλύψω | ἀπεκάλυψα | | | ἀπεκαλύφθην | reveal |
| κρύπτω | κρύψω | ἔκρυψα | κέκρυφα | κέκρυμμαι | ἐκρύβην [2] | hide |
| κηρύσσω | κηρύξω | ἐκήρυξα | κεκήρυχα | κεκήρυγμαι | ἐκηρύχθην | proclaim |
| πράσσω | πράξω | ἔπραξα | πέπραχα | πέπραγμαι | ἐπράχθην | do |
| βαπτίζω | βαπτίσω | ἐβάπτισα | | βεβάπτισμαι | ἐβαπτίσθην | baptize |
| σώζω | σώσω | ἔσωσα | σέσωκα | σέσωσμαι | ἐσώθην | save |
| ἀποστέλλω | ἀποστελῶ | ἀπέστειλα | ἀπέσταλκα | ἀπέσταλμαι | ἀπεστάλην [2] | send |
| αἴρω | ἀρῶ | ἦρα | ἦρκα | ἦρμαι | ἤρθην | take up, away |
| ἀποκτείνω | ἀποκτενῶ | ἀπέκτεινα | | | ἀπεκτάνθην | kill |
| ἐγείρω | ἐγερῶ | ἤγειρα | ἐγήγερκα | ἐγήγερμαι | ἠγέρθην | arouse, raise |
| κρίνω | κρινῶ | ἔκρινα | κέκρικα | κέκριμαι | ἐκρίθην | judge |
| αὐξάνω | αὐξήσω | ηὔξησα | | | ηὐξήθην | increase |
| εὑρίσκω | εὑρήσω | εὗρον [3] | εὕρηκα | | εὑρέθην | find |
| φέρω | οἴσω | ἤνεγκα (ἤνεγκον) [3] | ἐνήνοχα | | ἠνέχθην | carry |
| γράφω | γράψω | ἔγραψα | γέγραφα | γέγραμμαι | ἐγράφην [2] | write |

## EXERCISE 34

Translate into English :

1. αὕτη ἐστὶν ἀρχὴ τοῦ εὐαγγελίου Ἰησοῦ Χριστοῦ, καθὼς γέγραπται ἐν τῷ Ἠσαΐᾳ [4] τῷ προφήτῃ, Ἰδοὺ ἀποστέλλω τὸν ἄγγελόν μου πρὸ προσώπου σου, ὃς κατασκευάσει τὴν ὁδόν σου· φωνὴ [4] βοῶντος ἐν τῇ ἐρήμῳ, Ἑτοιμάσατε τὴν ὁδὸν Κυρίου, εὐθείας ποιεῖτε τὰς τρίβους αὐτοῦ.
2. κεκήρυκται ὑπὸ τοῦ Ἰωάννου τοῦ βαπτίζοντος ἐν τῇ ἐρήμῳ βάπτισμα μετανοίας εἰς ἄφεσιν ἁμαρτιῶν, καὶ πολλοὶ ἐβαπτίζοντο ὑπ' αὐτοῦ ἐν τῷ Ἰορδάνῃ ποταμῷ.
3. ἐγὼ μὲν ἐβάπτισα ὑμᾶς ὕδατι, αὐτὸς δὲ βαπτίσει ὑμᾶς Πνεύματι Ἁγίῳ· ἰσχυρότερος γάρ ἐστί μου.
4. πεπιστεύκαμεν ὅτι Ἰησοῦς ἐστι Χριστός, καὶ πεπιστεύμεθα τοῦτο τὸ εὐαγγέλιον.[5]
5. τῷ δὲ Βασιλεῖ τῶν αἰώνων, ἀφθάρτῳ, ἀοράτῳ, μόνῳ Θεῷ ἐστι τιμὴ καὶ δόξα εἰς τοὺς αἰῶνας τῶν αἰώνων· ἀμήν.

[1] Used *impersonally* in the passive : *ἐπιστεύθη, it was believed.* In the sense of *be entrusted* it is used *personally*. [2] Second (strong) aorist passive. See below.

[3] Second (strong) aorist active.

[4] Mark has wrongly ascribed Malachi 3[1] to Isaiah. The quotation from Isaiah 40[3] starts with *φωνή*. Matthew and Luke avoid Mark's mistake.

[5] The thing one is entrusted with goes into the accusative case.

6. ὁ Σωτὴρ τοῦ κόσμου ἠγέρθη ἐκ τῶν νεκρῶν τῇ δυνάμει τοῦ Πατρὸς τοῦ ἐν οὐρανῷ, καὶ ἐγερθησόμεθα ἐν τῇ ἐσχάτῃ ἡμέρᾳ, ὅτε ἀκούσομεν τὴν ἐσχάτην σάλπιγγα. ἐγερθήσονται δὲ πάντες οἱ σεσωσμένοι ὑπὸ τοῦ Υἱοῦ τοῦ Θεοῦ, οἱ πιστεύσαντες εἰς αὐτόν.

Translate into Greek:

1. The children were taught by the teachers in the synagogues of Jerusalem.
2. We are persuaded by the words of the preacher [1] that Jesus is the Son of God.
3. Many soldiers were killed by the enemy in the fields of Galilee.
4. All sinners will be judged by the Saviour of the world on the last day, which will be the day of judgement, when the dead and the living will approach his throne, and the secret things of God will be revealed, and the believers [1] who were baptized will be saved.

## IMPERATIVES AND INFINITIVES PASSIVE

PRESENT IMPERATIVE PASSIVE OF λύω

| | |
|---|---|
| 2 λύου, *be thou loosed* | λύεσθε, *be ye loosed* |
| 3 λυέσθω, *let him* (etc.) *be loosed* | λυέσθωσαν, *let them be loosed* |

AORIST IMPERATIVE PASSIVE

| | |
|---|---|
| 2 λύθητι, *be thou loosed* | λύθητε, *be ye loosed* |
| 3 λυθήτω, *let him be loosed* | λυθήτωσαν, *let them be loosed* |

| | |
|---|---|
| PRESENT INFINITIVE PASSIVE OF λύω | λύεσθαι, *to be loosed* |
| PERFECT INFINITIVE PASSIVE OF λύω | λελύσθαι, *to have been loosed* |
| AORIST INFINITIVE PASSIVE OF λύω | λυθῆναι, *to be loosed* (single action) |
| FUTURE INFINITIVE PASSIVE OF λύω | λυθήσεσθαι, *to be about to be loosed* |

## PASSIVE PARTICIPLES

| | |
|---|---|
| PRESENT PARTICIPLE PASSIVE OF λύω | λυόμενος, -η, -ον, *being loosed* |
| PERFECT PARTICIPLE PASSIVE OF λύω | λελυμένος, -η, -ον, *having been loosed* |
| FUTURE PARTICIPLE PASSIVE OF λύω | λυθησόμενος, -η, -ον, *being about to be loosed* |

[1] Use participles.

Aorist Participle Passive of λύω    λυθείς, λυθεῖσα, λυθέν, *having been loosed* (single act.)

| | M. | F. | N. |
|---|---|---|---|
| NOM. SING. | λυθείς | λυθεῖσα | λυθέν |
| ACC. SING. | λυθέντα | λυθεῖσαν | λυθέν |
| GEN. SING. | λυθέντος | λυθείσης | λυθέντος |
| DAT. SING. | λυθέντι | λυθείσῃ | λυθέντι |
| NOM. PLUR. | λυθέντες | λυθεῖσαι | λυθέντα |
| ACC. PLUR. | λυθέντας | λυθείσας | λυθέντα |
| GEN. PLUR. | λυθέντων | λυθεισῶν | λυθέντων |
| DAT. PLUR. | λυθεῖσι(ν) | λυθείσαις | λυθεῖσι(ν) |

## EXERCISE 35

Translate into English:

1. τοῦ δὲ Ἰησοῦ Χριστοῦ ἡ γένεσις οὕτως ἦν. μνηστευθείσης [1] τῆς μητρὸς αὐτοῦ Μαρίας τῷ Ἰωσήφ, πρὶν ἢ συνελθεῖν αὐτοὺς εὑρέθη ἐν γαστρὶ ἔχουσα τέκνον ἐκ Πνεύματος Ἁγίου.
2. οἱ δὲ μάγοι χρηματισθέντες [2] κατ᾽ ὄναρ [3] μὴ ἀνακάμψαι πρὸς Ἡρῴδην, δι᾽ ἄλλης ὁδοῦ ἀνεχώρησαν εἰς τὴν χώραν αὐτῶν.
3. τότε ἐπληρώθη [4] τὸ ῥηθὲν [5] διὰ Ἰερεμίου τοῦ προφήτου λέγοντος [6]
   Φωνὴ ἐν Ῥαμὰ ἠκούσθη,
   κλαυθμὸς καὶ ὀδυρμὸς πολύς·
   Ῥαχὴλ κλαίουσα τὰ τέκνα αὐτῆς
   καὶ οὐκ ἤθελεν παρακληθῆναι, ὅτι οὐκ εἰσίν (Jer. 31[15]).
4. μετὰ ταῦτα ἦλθεν ὁ Ἰησοῦς ἀπὸ τῆς Γαλιλαίας ἐπὶ τὸν Ἰορδάνην πρὸς τὸν Ἰωάννην βαπτισθῆναι ὑπ᾽ αὐτοῦ. ὁ δὲ διεκώλυεν αὐτὸν λέγων, Ἐγὼ χρείαν ἔχω ὑπὸ σοῦ βαπτισθῆναι, καὶ σὺ ἦλθες πρός με;
5. βαπτίσθητε πάντες ὑμεῖς οἱ πιστεύσαντες εἰς τὸν Υἱὸν τοῦ Θεοῦ καὶ μετανοοῦντες περὶ τῶν ἁμαρτιῶν ὑμῶν.

[1] μνηστεύω, *I betrothe.*

[2] χρηματίζω, *I warn* (used of heavenly warning in a dream).

[3] Note the following phrases: κατ᾽ ὄναρ, *in a dream*; κατὰ καιρόν, *in due season*; καθ᾽ ἡμέραν, *daily, day by day*; κατ᾽ ἰδίαν, *privately*; κατ᾽ οἶκον, *from house to house.*

[4] πληρόω (*I fulfil*), πληρώσω, ἐπλήρωσα, πεπλήρωκα, πεπλήρωμαι, ἐπληρώθην.

[5] λέγω (or φημί), *I say*, ἐρῶ, ἔλεξα (or εἶπον), εἴρηκα, εἴρημαι, ἐρρέθην or ἐρρήθην.

[6] This is the regular formula by which Matthew introduces 'proof texts' from the Old Testament.

6. Πάτερ ἡμῶν ὁ ἐν τοῖς οὐρανοῖς, ἁγιασθήτω τὸ ὄνομά σου (Matt. 6[9]).
7. Πάτερ, ἁγιασθήτω τὸ ὄνομά σου (Luke 11[2]). οὕτως ἐδίδαξεν ὁ Κύριος τοὺς μαθητὰς αὐτοῦ τοὺς αἰτοῦντας αὐτὸν διδάσκειν αὐτοὺς προσεύχεσθαι.

## THE PASSIVE INDICATIVE OF CONTRACTED VERBS, AND PRESENT AND AORIST IMPERATIVES

| INDICATIVE PRESENT | | | |
|---|---|---|---|
| S. 1 | ποιοῦμαι | τιμῶμαι | δηλοῦμαι |
| 2 | ποιεῖ | τιμᾶσαι | δηλοῖ |
| 3 | ποιεῖται | τιμᾶται | δηλοῦται |
| P. 1 | ποιούμεθα | τιμώμεθα | δηλούμεθα |
| 2 | ποιεῖσθε | τιμᾶσθε | δηλοῦσθε |
| 3 | ποιοῦνται | τιμῶνται | δηλοῦνται |

| INDICATIVE IMPERFECT | | | |
|---|---|---|---|
| S. 1 | ἐποιούμην | ἐτιμώμην | ἐδηλούμην |
| 2 | ἐποιοῦ | ἐτιμῶ | ἐδηλοῦ |
| 3 | ἐποιεῖτο | ἐτιμᾶτο | ἐδηλοῦτο |
| P. 1 | ἐποιούμεθα | ἐτιμώμεθα | ἐδηλούμεθα |
| 2 | ἐποιεῖσθε | ἐτιμᾶσθε | ἐδηλοῦσθε |
| 3 | ἐποιοῦντο | ἐτιμῶντο | ἐδηλοῦντο |

| IMPERATIVE PRESENT | | | |
|---|---|---|---|
| S. 2 | ποιοῦ | τιμῶ | δηλοῦ |
| 3 | ποιείσθω | τιμάσθω | δηλούσθω |
| P. 2 | ποιεῖσθε | τιμᾶσθε | δηλοῦσθε |
| 3 | ποιείσθων [1] | τιμάσθων [1] | δηλούσθων [1] |

| IMPERATIVE AORIST | | | |
|---|---|---|---|
| S. 2 | ποιήθητι | τιμήθητι | δηλώθητι |
| 3 | ποιηθήτω | τιμηθήτω | δηλωθήτω |
| P. 2 | ποιήθητε | τιμήθητε | δηλώθητε |
| 3 | ποιηθήτωσαν [2] | τιμηθήτωσαν [2] | δηλωθήτωσαν [2] |

[1] Or ποιείσθωσαν, τιμάσθωσαν, δηλούσθωσαν.

[2] Or ποιηθέντων, τιμηθέντων, δηλωθέντων.

The aorist passives indicative are ἐποιήθην, ἐτιμήθην, ἐδηλώθην.
The perfect passives indicative are πεποίημαι, τετίμημαι, δεδήλωμαι.
The pluperfect passives indicative are (ἐ)πεποιήμην, (ἐ)τετιμήμην, (ἐ)δεδηλώμην.
The future passives indicative are ποιηθήσομαι, τιμηθήσομαι, δηλωθήσομαι.
The present infinitives passive are ποιεῖσθαι, τιμᾶσθαι, δηλοῦσθαι.
The perfect infinitives passive are πεποιῆσθαι, τετιμῆσθαι, δεδηλῶσθαι.
The present participles passive are ποιούμενος, -η, -ον, τιμώμενος, -η, -ον, δηλούμενος, -η, -ον.
The other participles are formed regularly.

EXERCISE 36

Translate into English:

1. ὁ δὲ Παῦλος ἔπεσεν ἐπὶ τὴν γῆν. καὶ ἤκουσε φωνὴν τοῦ λαλοῦντος αὐτῷ. ἡ δὲ φωνὴ ἔλεγεν αὐτῷ, Σαούλ, Σαούλ, τί (*why?*) με διώκεις; ὁ δὲ εἶπεν, Τίς εἶ, Κύριε; εἶπεν δὲ πρὸς αὐτὸν, Ἐγώ εἰμι Ἰησοῦς ὁ Ναζωραῖος, ὃν σὺ διώκεις. οἱ δὲ σὺν αὐτῷ ὄντες τὸ μὲν φῶς ἔβλεπον, τὴν δὲ φωνὴν οὐκ ἤκουσαν τοῦ λαλοῦντος αὐτῷ. εἶπεν δέ, Τί ποιήσω, Κύριε; ὁ δὲ Κύριος εἶπεν πρὸς αὐτόν, Ἔλθε εἰς Δαμασκόν, κἀκεῖ σοι λαληθήσεται περὶ πάντων ὧν τέτακταί σοι ποιῆσαι. ὡς δὲ οὐκ ἐνέβλεπεν ἀπὸ τῆς δόξης τοῦ φωτὸς ἐκείνου, χειραγωγούμενος ὑπὸ τῶν συνόντων αὐτῷ ἦλθεν εἰς Δαμασκόν. Ἀνανίας δέ τις, ἀνὴρ εὐλαβὴς κατὰ τὸν νόμον, μαρτυρούμενος ὑπὸ πάντων τῶν κατοικούντων Ἰουδαίων, ἐλθὼν πρὸς αὐτὸν εἶπεν αὐτῷ, Σαοὺλ ἀδελφέ, ἀνάβλεψον. καὶ αὐτὸς ἐν τῇ αὐτῇ ὥρᾳ ἀνέβλεψεν εἰς αὐτόν.
2. ἐτιμᾶτο ὁ βασιλεὺς ὑπὸ τῶν πολιτῶν ἐν πάσῃ τῇ χώρᾳ.
3. αἱ τράπεζαι ποιοῦνται ὑπὸ τῶν τεκτόνων (ὁ τέκτων, Mark 6[3]).
4. ἐφιλήθησαν οἱ δοῦλοι ὑπὸ τῶν ἀδελφῶν.
5. ἤχθη ὁ Ἰησοῦς ὑπὸ τοῦ Πνεύματος εἰς τὰ ὄρη πειρασθῆναι ὑπὸ τοῦ διαβόλου.

Translate into Greek:

1. My name shall be preached among all the Gentiles.
2. For we were saved by grace through the will of God.

3. The dead will be raised in the day of judgement by the voice of the angels and by the trumpet.
4. The gospel was made manifest [1] to all the world.
5. Why were the brethren of the Lord loved by all the disciples ?

## THE SECOND AORIST PASSIVE

The endings of the second aorist passive are the same as those of the first aorist passive except that the $\theta$ is omitted : the second aorist of *φαίνω*, *I make manifest*, is :

| INDICATIVE | | IMPERATIVE |
|---|---|---|
| ἐφάνην | *I was made manifest*, so : *I appeared* | |
| ἐφάνης | etc. | φάνηθι, *appear*, etc. |
| ἐφάνη | | φανήτω |
| ἐφάνημεν | | |
| ἐφάνητε | | φάνητε |
| ἐφάνησαν | | φανήτωσαν or φανέντων |

INFINITIVE φανῆναι, *to appear*

The following are some of the second aorist passives found in the New Testament :

| | | |
|---|---|---|
| ἐγράφην | *I was written* | (from γράφω) |
| ἐκρύβην | *I was hidden* | (from κρύπτω) |
| ἐσπάρην | *I was sown* | (from σπείρω) |
| ἀπεστάλην | *I was sent* | (from ἀποστέλλω) |
| ἐστράφην | *I was turned* | (from στρέφω) |
| ἐφθάρην | *I was destroyed* | (from φθείρω) |
| ἠγγέλην | *I was announced* | (from ἀγγέλλω) |
| ἀνηγγέλην | *I was announced* | (Rom. $15^{21}$, 1 Pet. $1^{12}$) |

## IRREGULAR AORIST PASSIVE

NOTE the following irregular aorist passives :

| | | |
|---|---|---|
| ἠκούσθην | *I was heard* | (from ἀκούω) fut. pass. ἀκουσθήσομαι |
| ἐβλήθην | *I was cast* | (from βαλλω) fut. pass. βληθήσομαι |

[1] You can use either δηλόω or φανερόω.

| | | |
|---|---|---|
| ἠγέρθην | *I was raised, roused* | (from ἐγείρω) fut. pass. ἐγερθήσομαι |
| ἐκλήθην | *I was called* | (from καλέω) fut. pass. κληθήσομαι |
| ἐλήμφθην | *I was taken* | (from λαμβάνω) fut. pass. λημφθήσομαι |
| ἐρρέθην, ἐρρήθην | *I was said* | (from λέγω) fut. pass. ἐρρεθήσομαι |
| ὤφθην | *I was seen, I appeared* | (from ὁράω) fut. pass. ὀφθήσομαι |
| ἠνέχθην | *I was carried* | (from φέρω) fut. pass. ἐνεχθήσομαι |

## PRINCIPAL PARTS

Learn the following Principal Parts:

| PRES. | FUT. | FIRST OR SEC. AOR. | PERF. ACT. | PERF. PASS. | AOR. PASS. | MEANING |
|---|---|---|---|---|---|---|
| ἄγω | ἄξω | ἤγαγον | | ἦγμαι | ἤχθην | *drive, lead* |
| ἐκκόπτω | ἐκκόψω | ἐξέκοψα | | | ἐξεκόπην | *cut out* |
| κρύπτω | κρύψω | ἔκρυψα | κέκρυφα | κέκρυμμαι | ἐκρύβην | *hide* |
| βάλλω | βαλῶ | ἔβαλον | βέβληκα | βέβλημαι | ἐβλήθην | *throw* |
| ἀποστέλλω | ἀποστελῶ | ἀπέστειλα | ἀπέσταλκα | ἀπέσταλμαι | ἀπεστάλην | *send* |
| ἐγείρω | ἐγερῶ | ἤγειρα | ἐγήγερκα | ἐγήγερμαι | ἠγέρθην | *raise* [1] |
| σπείρω | σπερῶ | ἔσπειρα | | ἔσπαρμαι | ἐσπάρην | *sow* |
| φθείρω | φθερῶ | ἔφθειρα | | | ἐφθάρην | *destroy* |
| αὐξάνω | αὐξήσω | ηὔξησα | | | ηὐξήθην | *increase* |
| λαμβάνω | λήμψομαι [2] | ἔλαβον | εἴληφα | εἴλημμαι | ἐλήμφθην | *take* |
| μανθάνω | μαθήσομαι [2] | ἔμαθον | μεμάθηκα | | | *learn* |
| ἀποθνήσκω | ἀποθανοῦμαι [2] | ἀπέθανον | τέθνηκα | | | *die* |
| ἀρέσκω | ἀρέσω | ἤρεσα | | | | *please* |

## EXERCISE 37

Translate into English:

1. αὐτῶν δὲ ἐξερχομένων, ἰδοὺ προσήνεγκον αὐτῷ κωφὸν δαιμονιζόμενον. καὶ ἐκβληθέντος τοῦ δαιμονίου ἐλάλησεν ὁ κωφός. καὶ ἐθαύμασαν οἱ ὄχλοι λέγοντες, Οὐδέποτε ἐφάνη οὕτως ἐν τῷ Ἰσραήλ. οἱ δὲ Φαρισαῖοι ἔλεγον, Ἐν τῷ ἄρχοντι τῶν δαιμονίων ἐκβάλλει τὰ δαιμόνια.
2. ὅτε δὲ ἐβλάστησεν ὁ χόρτος καὶ καρπὸν ἐποίησεν, τότε ἐφάνη καὶ τὰ ζιζάνια.

[1] See 1 Cor. 15[4, 12, 13, 14, 15, 16, 17 20, 29, 32, 35, 42, 43, 44, 52], Rom. 6[4, 9], etc.

[2] See next section. Fut. middle.

3. Οὐαὶ ὑμῖν, γραμματεῖς καὶ Φαρισαῖοι ὑποκριταί, ὅτι ἔξωθεν μὲν φαίνεσθε τοῖς ἀνθρώποις δίκαιοι, ἔσωθεν δέ ἐστε μεστοὶ ὑποκρίσεως καὶ ἀνομίας.
4. ὥσπερ γὰρ ἡ ἀστραπὴ ἐξέρχεται ἀπὸ ἀνατολῶν καὶ φαίνεται ἕως δυσμῶν, οὕτως ἔσται ἡ παρουσία τοῦ Υἱοῦ τοῦ ἀνθρώπου· εὐθέως δὲ μετὰ τὴν θλῖψιν τῶν ἡμερῶν ἐκείνων ὁ ἥλιος σκοτισθήσεται, καὶ ἡ σελήνη οὐ δώσει τὸ φέγγος αὐτῆς, καὶ οἱ ἀστέρες πεσοῦνται ἀπὸ τοῦ οὐρανοῦ, καὶ αἱ δυνάμεις τῶν οὐρανῶν σαλευθήσονται. καὶ τότε φανήσεται τὸ σημεῖον τοῦ Υἱοῦ τοῦ ἀνθρώπου ἐν οὐρανῷ.

Translate into Greek:

1. The children were hidden under the bed by their mother. For she knew that the soldiers were coming to kill them.
2. The sheep will be led by the good shepherd into the fold. Therefore follow him all the days of your life.
3. The Romans will destroy our city with fire, as all the cities of just men were destroyed of old (πάλαι).
4. We have learned that our pay has been increased by our masters.
5. The angels appeared to the prophet in a dream.
6. The martyrs died, but they will be raised on the last day.

Learn also:

| PRES. | FUT. | AOR. | PERF. ACT. | PERF. PASS. | AOR. PASSIVE | MEANING |
|---|---|---|---|---|---|---|
| γινώσκω | γνώσομαι | ἔγνων | ἔγνωκα | ἔγνωσμαι | ἐγνώσθην | *know* |
| λέγω | λέξω | ἔλεξα | | λέλεγμαι | ἐλέχθην | *say* |
| φημι | ἐρῶ | εἶπον | εἴρηκα | εἴρημαι | ἐρρέθην<br>ἐρρήθην | |
| ὁράω | ὄψομαι | εἶδον | ἑώρακα<br>ἑόρακα | | ὤφθην | *see* |
| πάσχω | | ἔπαθον | πέπονθα | | | *suffer* |
| ἐσθίω | φάγομαι | ἔφαγον | | | | *eat* |
| πίνω | πίομαι | ἔπιον | | | (κατ)επόθην [1] | *drink* |
| ἀκούω | ἀκούσομαι [2]<br>ἀκούσω | ἤκουσα | ἀκήκοα | | ἠκούσθην | *hear* |
| ἄρχομαι [2] | ἄρξομαι | ἠρξάμην | | | | *begin* |
| βούλομαι [2] | βουλήσομαι | ἐβουλόμην | | | ἐβουλήθην<br>ἠβουλήθην | *wish* |
| δύναμαι [2] | δυνήσομαι | ἠδυνάμην<br>ἐδυνάμην | | | ἠδυνήθην | *am able* |

[1] 1 Cor. 15[54] (Is. 25[8]), etc.

[2] See next section. Middle forms: so with γνώσομαι, φάγομαι, πίομαι.

| PRES. | FUT. | AOR. | PERF. ACT. | PERF. PASS. | AOR. PASSIVE | MEANING |
|---|---|---|---|---|---|---|
| φεύγω | φεύξομαι | ἔφυγον | | | | *flee* |
| καταλείπω | καταλείψω | κατέλειψα<br>κατέλιπον | | | | *leave* |
| τίκτω | τέξομαι [1] | ἔτεκον | | | ἐτέχθην | *give birth to* |
| πίπτω | πεσοῦμαι | ἔπεσον | πέπτωκα | | | *fall* |
| φαίνω | φανοῦμαι | | | | ἐφάνην | *show forth* |
| θάπτω | θάψω | ἔθαψα | | | ἐτάφην | *bury* |
| μιμνήσκω<br>(*I remind*) | μνήσω | ἔμνησα | μέμνηκα | μέμνημαι,<br>*I have been reminded*, so *I remember* | ἐμνήσθην,<br>*I remembered* | |

## EXERCISE 38

Translate into English:

1. Ἰωσὴφ δὲ ὁ ἀνὴρ αὐτῆς, δίκαιος ὢν καὶ μὴ θέλων αὐτὴν δειγματίσαι, ἐβουλήθη λάθρα ἀπολῦσαι αὐτήν. ταῦτα δὲ ἐνθυμηθέντος [2] αὐτοῦ, ἰδοὺ ἄγγελος Κυρίου κατ᾽ ὄναρ ἐφάνη αὐτῷ.
2. τότε Ἡρῴδης λάθρα καλέσας τοὺς μάγους ἠκρίβωσεν παρ᾽ αὐτῶν τὸν χρόνον τοῦ φαινομένου ἀστέρος, καὶ πέμψας αὐτοὺς εἰς Βηθλεὲμ εἶπεν, Πορευθέντες [3] ἐξετάσατε ἀκριβῶς περὶ τοῦ παιδίου· εὑρόντες δὲ αὐτὸν ἀπαγγείλατέ μοι. οἱ δὲ ἀκούσαντες τοῦ βασιλέως ἐπορεύθησαν· καὶ ἰδοὺ ὁ ἀστήρ, ὃν εἶδον, προῆγεν αὐτούς.
3. τοῦ δὲ Ἰησοῦ γεννηθέντος ἐν Βηθλεὲμ τῆς Ἰουδαίας ἐν ἡμέραις Ἡρῴδου τοῦ βασιλέως, ἰδοὺ μάγοι ἀπὸ ἀνατολῶν [4] ἦλθον εἰς Ἱεροσόλυμα λέγοντες, Ποῦ ἐστιν ὁ τεχθεὶς βασιλεὺς τῶν Ἰουδαίων· εἴδομεν γὰρ αὐτοῦ τὸν ἀστέρα ἐν τῇ ἀνατολῇ, καὶ ἤλθομεν προσκυνῆσαι αὐτῷ.
4. γέγραπται, Οὐκ ἐκπειράσεις Κύριον τὸν Θεόν σου.
5. καὶ ὁ θάνατος ἐβλήθη εἰς τὴν λίμνην τοῦ πυρός. οὗτός ἐστιν ὁ θάνατος ὁ δεύτερος, ἡ λίμνη τοῦ πυρός. καὶ εἴ τις οὐχ εὑρέθη ἐν τῇ βίβλῳ τῆς ζωῆς γεγραμμένος ἐβλήθη εἰς τὴν λίμνην τοῦ πυρός.

Translate into Greek:

1. The robbers were hidden by the tax-collectors in the house of the ruler.

[1] See next section. Middle forms: so with γνώσομαι, φάγομαι, πίομαι.

[2] *But when he thought on these things*, gen. sing. masc. deponent aorist participle passive of ἐνθυμέομαι.

[3] *Having journeyed*, deponent aorist participle passive of πορεύομαι. See next section.

[4] ἀνατολαί (plural), *the east*. ἀνατολή (singular), *the rising*.

2. We believe that Christ died on behalf of our sins according to the scriptures, and that he was buried, and that he has been raised on the third day according to the scriptures, and that he appeared to Simon Peter, then (εἶτα) to the twelve. Then (ἔπειτα) he appeared to all the apostles.
3. If Christ is preached that he has been raised from the dead, how say some among you that there is no resurrection of the dead?

## THE MIDDLE VOICE

This is the self-regarding voice. It usually denotes that the subject is acting upon himself, or in some way that concerns himself, but is translated into English by the active voice. E.g.:

*νίπτω τοὺς πόδας σου, I wash your feet* (active).
*νίπτομαι τοὺς πόδας μου, I wash my feet* (middle).

N.B.: In the present and imperfect tenses the middle has the same form as the passive:

*ἐλούομεν τὸ πρόσωπον αὐτοῦ, we were washing his face* (active).
*ἐλουόμεθα τὸ πρόσωπον ἡμῶν, we were washing our own faces*[1] (middle).

FURTHER EXAMPLES

*δανείζω, I lend* (active). *δανείζομαι, I have lent to me*, and so *I borrow* (middle).

*παύω, I stop* (*someone* or *something else*: active). *παύομαι, I stop myself*, and so *I cease*[2] (middle).

| FUTURE MIDDLE OF λύω | | FIRST AORIST MIDDLE OF λύω | | IMPERATIVE (AORIST) |
|---|---|---|---|---|
| λύσομαι | *I shall ransom* | ἐλυσάμην | *I ransomed* | |
| λύσῃ (-ει) | etc. | ἐλύσω | etc. | λῦσαι |
| λύσεται | | ἐλύσατο | | λυσάσθω |
| λυσόμεθα | | ἐλυσάμεθα | | |
| λύσεσθε | | ἐλύσασθε | | λύσασθε |
| λύσονται | | ἐλύσαντο | | λυσάσθωσαν |

[1] The singular τὸ πρόσωπον is used because we have only one face each.
[2] Followed by a present participle, e.g.: *I cease to do*, παύομαι ποιῶν.

FUT. INFIN., *λύσεσθαι*. AOR. INFIN., *λύσασθαι*.

FUT. PARTICIPLE *λυσόμενος, -η, -ον*. AOR. PARTICIPLE *λυσάμενος, -η, -ον*.

N.B.: The perfect and pluperfect middle have the same form as the passive. Some middles have a *deponent* passive aorist (i.e. a passive with an active meaning), e.g.:

*πορεύομαι, I journey*. Aor. pass. *ἐπορεύθην, I journeyed.*
*χαίρω, I rejoice*. *χαρήσομαι*,[1] *I shall rejoice*. *ἐχάρην, I rejoiced.*
*φαίνω, I show forth*. *φανοῦμαι*,[2] *I shall appear*. *ἐφάνην, I appeared.*
*φανήσομαι*,[1] *I shall appear*
*βούλομαι, I wish*. *ἐβουλήθην, I wished.*

NOTE the future tense of *εἰμί, I am*: *ἔσομαι* (conjugated like *λύομαι*, except that the third person singular is *ἔσται*). See p. 26.

FUTURE INFINITIVE: *ἔσεσθαι, to be about to be*
FUTURE PARTICIPLE: *ἐσόμενος, -η, -ον, being about to be*

NOTE the present tense of *δύναμαι, I am able*

*δύναμαι, δύνασαι, δύναται, δυνάμεθα, δύνασθε, δύνανται*

PRINCIPAL PARTS:

FUT. MIDDLE: *δυνήσομαι, I shall be able*
IMPERFECT OR AOR. MIDDLE: *ἐδυνάμην* or *ἠδυνάμην, I was able*[3]
AOR. DEPONENT PASSIVE: *ἠδυνήθην, I was able*

THE SECOND (STRONG) AORIST MIDDLE OF *γίνομαι, I become, I am made*:

*ἐγενόμην*
*ἐγένου*
*ἐγένετο* *he became, he was made, it came to pass*
*ἐγενόμεθα*
*ἐγένεσθε*
*ἐγένοντο*

N.B.: The endings of the second aorist middle are the same as those of the imperfect passive.

[1] Formed from the second aorist passive.
[2] *φανοῦμαι* is (like *ἀποθανοῦμαι*) a contracted future middle conjugated like the present passive of *φιλέω*.
[3] Conjugated as follows: *ἐδυνάμην, ἐδύνασο, ἐδύνατο, ἐδυνάμεθα, ἐδύνασθε, ἐδύναντο.*

Principal Parts:

| | | | | | | |
|---|---|---|---|---|---|---|
| *γίνομαι* | *γενήσομαι* | *ἐγενόμην* | *γέγονα* | *γεγένημαι* | *ἐγενήθην* | |
| *πυνθάνομαι* | | *ἐπυθόμην* | | | | *ascertain, enquire* |
| *ἄρχομαι* | *ἄρξομαι* | *ἠρξάμην* | | | | *begin* |
| *δέχομαι* | *δέξομαι* | *ἐδεξάμην* | | *δέδεγμαι* | | *receive* |

Note the Present Tense of *ζάω*, *I live*:

*ζῶ, ζῇς, ζῇ, ζῶμεν, ζῆτε, ζῶσι(ν).* Pres. infinitive: *ζῆν.*

Principal Parts:

| | | | | |
|---|---|---|---|---|
| *ζῶ* | *ζήσω* or *ζήσομαι* | *ἔζησα* | | |
| *δεόμαι* (uncontracted) | | | *ἐδεήθην* | *plead, beseech* (with genitive) |
| *αἰσθάνομαι* | *αἰσθήσομαι* | *ᾐσθόμην* | | *perceive* |

## EXERCISE 39

Translate into English:

1. *ἐγένετο ἄνθρωπος, ἀπεσταλμένος παρὰ Θεοῦ, ὄνομα αὐτῷ Ἰωάννης· οὗτος ἦλθεν εἰς μαρτυρίαν, μαρτυρῶν περὶ τοῦ φωτός.*
2. *ὁ Χριστὸς ἦν τὸ φῶς τὸ ἀληθινόν, ὃ φωτίζει πάντα ἄνθρωπον, ἐρχόμενον εἰς τὸν κόσμον. ἐν τῷ κόσμῳ ἦν, καὶ ὁ κόσμος δι' αὐτοῦ ἐγένετο, καὶ ὁ κόσμος αὐτὸν οὐκ ἔγνω.*
3. *καὶ ὁ Λόγος σὰρξ ἐγένετο καὶ ἐσκήνωσεν ἐν ἡμῖν, καὶ ἐθεασάμεθα τὴν δόξαν αὐτοῦ, δόξαν ὡς μονογενοῦς παρὰ Πατρός, πλήρης χάριτος καὶ ἀληθείας. Ἰωάννης μαρτυρεῖ περὶ αὐτοῦ καὶ κέκραγεν λέγων, Οὗτος ἦν περὶ οὗ εἶπον, Ὁ ὀπίσω μου ἐρχόμενος ἔμπροσθέν μου γέγονεν, ὅτι πρῶτός μου ἦν.*
4. *τὸ μὲν εὐαγγέλιον τὸ κατὰ Ἰωάννην εἶπε, Θεὸν οὐδεὶς ἑώρακεν πώποτε. ἡ δὲ πρώτη ἐπιστολὴ Ἰωάννου λέγει, Θεὸν οὐδεὶς πώποτε τεθέαται.*

Translate into Greek:

1. We shall not wash the apostles' feet, but we shall wash our hands.
2. He will come into the city tomorrow and we shall see him.
3. We pray to God saying, Forgive us. (Use *χαρίζομαι*: the person forgiven goes into the dative.)
4. When he hurt the children, I was angry with him. (Use *ὀργίζομαι*, aorist *ὠργίσθην*. This verb takes the dative.)

5. He was not able to answer me (dative).
6. The virgin will bear a son, and thou shalt call his name Jesus.
7. The slaves will flee from the city into the villages.

## THE USES OF THE INFINITIVE

THE USES OF THE INFINITIVE

(1) *Infinitive used as a subject.* The infinitive is frequently used as the subject of an impersonal verb or of ἐστί:

προσεύχεσθαί ἐστιν ἀγαθόν, *to pray is (a) good (thing), it is good to pray.*

NOTE with δεῖ, *it is necessary*, the subject of the infinitive is expressed in the ACCUSATIVE:

δεῖ αὐτὸν ἀπελθεῖν, *it is necessary that he should go, he must go away.*

N.B.: *must not* is οὐ δεῖ:

οὐ δεῖ αὐτὸν ἀπελθεῖν, *he must not depart.*

Once only in the N.T. χρή is used instead of δεῖ:

οὐ χρὴ ταῦτα οὕτως γίνεσθαι, *these things ought not be be so* (Jas. 3[10]).

The imperfect of δεῖ is ἔδει:

οὐκ ἔδει σε ἐλεῆσαι τὸν σύνδουλόν σου;
*Ought you not to have had compassion on your fellow-servant?* (Matt. 18[33]).

Sometimes τί; *what?*, τοῦτο, ταῦτα, οὐδέν form a subject of the impersonal verb. The following impersonal verb takes DATIVE and INFINITIVE: δοκεῖ, *it seems (good)*. E.g.:

τί ὑμῖν δοκεῖ ποιεῖν; *What does it seem good to you to do?*
ἔδοξε τοῖς ἀποστόλοις πέμψαι, *it seemed good to the apostles to send,* i.e. *the apostles resolved to send* (Acts 15[22]).
ἔδοξε κἀμοὶ . . . γράψαι, *it seemed good to me also to write* (Luke 1[3]).

The following impersonal verbs also take DATIVE and INFINITIVE:

πρέπει, *it is fitting*; συμφέρει, *it is expedient*; λυσιτελεῖ, *it is profitable*; ἀπέχει, *it is enough*; ἔξεστι, *it is allowed, it is possible.*[1]

EXAMPLE:

οὐ συμφέρει σοι γαμῆσαι, *it is not expedient for you to marry.*[2]

[1] Very rarely it takes acc. and infin. (Luke 20[22]).
[2] Sometimes συμφέρει takes acc. and infin. Sometimes ἵνα and subjunctive. (See below, p. 87.)

μέλει, *it concerns*, takes the dative and ὅτι with the indicative:

οὐ μέλει σοι ὅτι ἀπολλύμεθα; lit.: *Is it not a concern to you that we perish? Carest thou not that we perish?*

(2) *Infinitive used as object.* After verbs meaning *to entreat, to exhort, to command*, e.g.:

κελεύει αὐτοὺς ἄγειν τὸν Παῦλον, *he commands them to bring Paul.*

δέομαί σοῦ [1] θεραπεύειν τὸν δοῦλον, *I beseech you to heal the slave.*

ἤρξαντο παρακαλεῖν αὐτὸν ἀπελθεῖν, *they began to exhort him to depart.*

παραγγέλλει τῷ ὄχλῳ [2] ἀναπεσεῖν ἐπὶ τῆς γῆς, *he orders the crowd to sit on the ground.*

κέλευσον οὖν ἀσφαλισθῆναι τὸν τάφον, *command therefore that the sepulchre be made sure* (Matt. 27[64]).

(3) *Infinitive with modal verbs*, e.g.: *to wish, to be able, to begin:*

βουλόμεθα μένειν, *we wish to remain.*

θέλουσιν ἀκούειν, *they are willing to hear.*

δύνανται ταῦτα ποιεῖν, *they are able to do (can do) these things.*

ἄρξεται οἰκοδομεῖν, *he will begin to build.*

(4) *Infinitive after verbs of motion and sending to express* PURPOSE:

ἀπέστειλεν τὸν δοῦλον καλεῖν τὸν προφήτην, *he sent the slave to call the prophet.*

ἦλθε σῶσαι τὸν κόσμον, *he came to save the world.*

(5) *Accusative and infinitive after verbs of saying, thinking, etc., to express indirect statement:*

τίνα με λέγουσιν εἶναι; *Who do they say that I am?* (lit.: *Whom do they declare me to be?*)

Indirect statement can also be expressed by ὅτι and the indicative, the tense of the direct statement being retained:

ἐπιστεύομεν ὅτι ἐστὶ Χριστός, *we believed that He was Christ* (direct statement: *He is Christ*).

(6) *The articular infinitive.* The infinitive is a neuter noun and can be preceded by the neuter singular definite article, e.g.: τὸ προσεύχεσθαί ἐστι καλόν.

[1] δεόμαι, *I beseech*, takes the genitive of the person asked.

[2] παραγγέλλω, *I order*, takes the dative of the person ordered.

Preceded by εἰς or πρός the articular infinitive expresses *purpose*:

ἦλθεν εἰς τὸ καλέσαι σε, *he came to call you.*

Sometimes the simple genitive of the articular infinitive is used in this sense:

μέλλει γὰρ Ἡρῴδης ζητεῖν τὸ παιδίον τοῦ ἀπολέσαι αὐτό.

*For Herod intends to seek the little child to destroy him* (Matt. $2^{13}$).

In the genitive case, preceded by πρό, the articular infinitive expresses a temporal clause introduced by *before*:

πρὸ τοῦ ὑμᾶς αἰτῆσαι αὐτόν, *before you ask him.*

NOTE that the subject of the articular infinitive is in the ACCUSATIVE.

In the dative case, preceded by ἐν, the meaning is *while*:

ἐν τῷ σπείρειν αὐτόν, *while he sowed.*

In the accusative case, preceded by μετά, the meaning is *after*:

μετὰ τὸ ἐγερθῆναι αὐτόν, *after he was raised.*

(7) *Consecutive.* After ὥστε the infinitive expresses consequence or result:

ἐθαμβήθησαν [1] ἅπαντες [2] ὥστε συνζητεῖν αὐτοὺς λέγοντας, Τί ἐστι τοῦτο;

*They were all amazed so as to enquire (so that they enquired) saying, What is this?* (Mark $1^{27}$).

Sometimes ὥστε with the infinitive is hardly distinguished from a purpose (final) clause:

συμβούλιον ἔλαβον . . . ὥστε θανατῶσαι αὐτόν.

*They took counsel (so as) to kill him* (Matt. $27^{1}$).

The negative with the infinitive is always μή:

ἤρξατο κηρύσσειν πολλὰ καὶ διαφημίζειν τὸν λόγον, ὥστε μηκέτι αὐτὸν δύνασθαι φανερῶς εἰς πόλιν εἰσελθεῖν.

*He began to preach much and spread the word abroad so that he could no longer enter into the city openly* (Mark $1^{45}$).

Consequence can also be expressed by ὥστε and the indicative (negative οὐ) when emphasis is laid on the actual occurrence of the result:

ὥστε οὐκέτι εἶ δοῦλος ἀλλὰ υἱός.

*So that you are no longer a slave but a son* (Gal. $4^{7}$).

[1] Third pers. plural aor. pass. indic. of θαμβέω, *I amaze.*

[2] ἅπας is a lengthened form of πᾶς.

## EXERCISE 40

Translate into English:

1. ἀπὸ τότε ἤρξατο Ἰησοῦς Χριστὸς δεικνύειν τοῖς μαθηταῖς αὐτοῦ ὅτι δεῖ αὐτὸν εἰς Ἱεροσόλυμα ἀπελθεῖν καὶ πολλὰ παθεῖν ἀπὸ τῶν πρεσβυτέρων καὶ ἀρχιερέων καὶ γραμματέων καὶ ἀποκτανθῆναι καὶ τῇ τρίτῃ ἡμέρᾳ ἐγερθῆναι.
2. ταύτην δὲ θυγατέρα Ἀβραὰμ οὖσαν, ἣν ἔδησεν ὁ Σατανᾶς ἰδοὺ δέκα καὶ ὀκτὼ ἔτη, οὐκ ἔδει λυθῆναι ἀπὸ τοῦ δεσμοῦ τούτου τῇ ἡμέρᾳ τοῦ σαββάτου;
3. καὶ ταῦτα λέγοντος αὐτοῦ κατῃσχύνοντο πάντες οἱ ἀντικείμενοι αὐτῷ, καὶ πᾶς ὁ ὄχλος ἔχαιρεν ἐπὶ πᾶσιν τοῖς ἐνδόξοις τοῖς γιγνομένοις ὑπ' αὐτοῦ.
4. συμφέρει ὑμῖν γινώσκειν τὰς παραβολὰς τοῦ Κυρίου. οὐ μέλει ὑμῖν ὅτι οὕτως ἐδίδασκε καὶ τοὺς μαθητὰς αὐτοῦ καὶ τοὺς ὄχλους; μνήσθητε οὖν πῶς ἔλεγε, Τίνι ὁμοία ἐστὶν ἡ βασιλεία τοῦ Θεοῦ, καὶ τίνι ὁμοιώσω αὐτήν; ὁμοία ἐστὶν κόκκῳ σινάπεως, ὃν λαβὼν ἄνθρωπος ἔβαλεν εἰς κῆπον ἑαυτοῦ, καὶ ηὔξησεν καὶ ἐγένετο εἰς δένδρον, καὶ τὰ πετεινὰ τοῦ οὐρανοῦ κατεσκήνωσεν ἐν τοῖς κλάδοις αὐτοῦ.
5. μετὰ τὸ ἀκοῦσαι τοὺς ὄχλους ταῦτα, πάλιν εἶπεν· Ἡ βασιλεία τοῦ Θεοῦ ὁμοία ἐστὶ ζύμῃ, ἣν λαβοῦσα γυνὴ ἔκρυψεν εἰς ἀλεύρου σάτα τρία, ἕως οὗ ἐζυμώθη ὅλον.
6. οὐκ ἔξεστιν ἐλθεῖν εἰς τὴν συναγωγὴν ἐν τῷ προσεύχεσθαι τοὺς Ἰουδαίους.
7. ὁ δὲ Φίλιππος ἀπῆλθεν εἰς τὸ εὑρίσκειν τὸν Ναθαναήλ, καὶ λέγει αὐτῷ, Εὑρήκαμεν τὸν Χριστὸν τὸν ἀπὸ Ναζαρέθ. καὶ εἶπεν αὐτῷ Ναθαναήλ, Ἐκ Ναζαρὲθ δύναταί τι ἀγαθὸν εἶναι; ἀπεκρίθη δὲ αὐτῷ ὁ Φίλιππος, Ἔρχου καὶ ἴδε. εἶδεν Ἰησοῦς τὸν Ναθαναὴλ ἐρχόμενον πρὸς αὐτὸν καὶ λέγει περὶ αὐτοῦ, Ἴδε ἀληθῶς Ἰσραηλείτης, ἐν ᾧ δόλος οὐκ ἔστιν. λέγει αὐτῷ Ναθαναήλ, Πόθεν με γινώσκεις; ἀπεκρίθη Ἰησοῦς καὶ εἶπεν αὐτῷ, Πρὸ τοῦ σε Φίλιππον φωνῆσαι ὄντα ὑπὸ τὴν συκῆν εἶδόν σε.
8. καὶ ἰδοὺ σεισμὸς μέγας ἐγένετο ἐν τῇ θαλάσσῃ, ὥστε τὸ πλοῖον καλύπτεσθαι ὑπὸ τῶν κυμάτων· αὐτὸς δὲ ἐκάθευδεν. καὶ προσελθόντες ἤγειραν αὐτὸν λέγοντες, Κύριε, σῶσον, ἀπολλύμεθα.

Translate into Greek:

1. There were many robbers in the road so that no-one could pass by.
2. I desired to eat this bread with you before I suffered.

3. After he spoke to them he was taken up [1] into heaven.
4. We must not eat while the disciples are fasting.
5. They resolved (it seemed good to them) to send the two brothers to the apostles.
6. It is enough to be carried by the priests into the temple.
7. It is expedient for us to walk through the gate into the field.
8. We consider that it is a good thing to give thanks [2] unto the Lord.
9. Where did the disciples who ran so (οὕτω) quickly come from?
10. All the multitudes believe that the leper did this to persuade the physician to heal him.
11. He appeared (ὤφθη) [3] to the apostles who escaped [4] from the battle.

## THE SUBJUNCTIVE MOOD OF λύω

ACTIVE

| | PRESENT | AORIST | PERFECT |
|---|---|---|---|
| S. 1 | λύω | λύσω [5] | λελυκὼς ὦ [6] |
| 2 | λύῃς | λύσῃς | λελυκὼς ᾖς |
| 3 | λύῃ | λύσῃ | λελυκὼς ᾖ |
| P. 1 | λύωμεν | λύσωμεν | λελυκότες ὦμεν |
| 2 | λύητε | λύσητε | λελυκότες ἦτε |
| 3 | λύωσι(ν) | λύσωσι(ν) | λελυκότες ὦσι(ν) |

PASSIVE

| | PRESENT | AORIST | PERFECT |
|---|---|---|---|
| S. 1 | λύωμαι | λυθῶ [7] | λελυμένος ὦ [6] |
| 2 | λύῃ | λυθῇς | λελυμένος ᾖς |
| 3 | λύηται | λυθῇ | λελυμένος ᾖ |
| P. 1 | λυώμεθα | λυθῶμεν | λελυμένοι ὦμεν |
| 2 | λύησθε | λυθῆτε | λελυμένοι ἦτε |
| 3 | λύωνται | λυθῶσι(ν) | λελυμένοι ὦσι(ν) |

[1] ἀναλαμβάνω. [2] εὐχαριστέω.

[3] The aorist passive of ὁράω can be used in this active intransitive sense.

[4] Use ἐσώθησαν. The aorist passive of σώζω can also be used in an active intransitive sense.

[5] The second (strong) aorist subjunctive active of βάλλω is: βάλω, βάλῃς, βάλῃ, βάλωμεν, βάλητε, βάλωσι(ν).

[6] The present subjunctive of εἰμί, *I am*.

[7] The second (strong) aorist subjunctive passive of φαίνω is: φανῶ, φανῇς, φανῇ, φανῶμεν, φανῆτε, φανῶσι(ν).

MIDDLE

The present and perfect are the same as the passive.

The aorist is: *λύσωμαι, λύσῃ, λύσηται, λυσώμεθα, λύσησθε, λύσωνται.*

The second (strong) aorist is: *βάλωμαι, βάλῃ, βάληται, βαλώμεθα, βάλησθε, βάλωνται.*

## THE SUBJUNCTIVE MOOD OF CONTRACTED VERBS

PRESENT ACTIVE

| | | |
|---|---|---|
| φιλῶ | τιμῶ | δηλῶ |
| φιλῇς | τιμᾷς | δηλοῖς |
| φιλῇ | τιμᾷ | δηλοῖ |
| φιλῶμεν | τιμῶμεν | δηλῶμεν |
| φιλῆτε | τιμᾶτε | δηλῶτε |
| φιλῶσι(ν) | τιμῶσι(ν) | δηλῶσι(ν) |

PRESENT PASSIVE AND MIDDLE

| | | |
|---|---|---|
| φιλῶμαι | τιμῶμαι | δηλῶμαι |
| φιλῇ | τιμᾷ | δηλοῖ |
| φιλῆται | τιμᾶται | δηλῶται |
| φιλώμεθα | τιμώμεθα | δηλώμεθα |
| φιλῆσθε | τιμᾶσθε | δηλῶσθε |
| φιλῶνται | τιμῶνται | δηλῶνται |

AORIST ACTIVE SUBJUNCTIVE: φιλήσω, φιλήσῃς, κτλ.
τιμήσω, τιμήσῃς, κτλ.
δηλώσω, δηλώσῃς, κτλ.

AORIST PASSIVE SUBJUNCTIVE: φιληθῶ, φιληθῇς, κτλ.
τιμηθῶ, τιμηθῇς, κτλ.
δηλωθῶ, δηλωθῇς, κτλ.

AORIST MIDDLE SUBJUNCTIVE: φιλήσωμαι, φιλήσῃ, κτλ.
τιμήσωμαι, τιμήσῃ, κτλ.
δηλώσωμαι, δηλώσῃ, κτλ.

USES OF THE SUBJUNCTIVE

(1) *Hortatory*: 'let us do something', first person *plural* (rarely singular), e.g.:

*μένωμεν, let us remain.*
*ἄγωμεν ἐντεῦθεν, let us go hence* (John 14[31]).
*ἄφες ἐκβάλω, let me cast out* (Matt. 7[4], Luke 6[42]).

The use of the first person *singular* is so rare that *ἄφες, let, allow*, the second person singular second aorist imperative active of *ἀφίημι* (see below, p. 99), has to be added.

Negative *μή*, e.g.:

*μὴ γινώμεθα κενόδοξοι, let us not become vain-glorious* (Gal. 5[26]).

(2) *Deliberative Question*: 'What on earth are we to do?', a question of puzzlement, asking what one is to do or whether one is to do it, e.g.:

*μένωμεν; Are we to remain?*
*τί φάγωμεν; What are we to eat?* (Matt. 6[31]).

In indirect deliberative questions the latter becomes second person plural, e.g.:

*διὰ τοῦτο λέγω ὑμῖν, μὴ μεριμνᾶτε τῇ ψυχῇ ὑμῶν τί φάγητε.*
*Therefore I say to you, Do not worry for your life, what you are to eat* (Matt. 6[25]).

The negative with the subjunctive is *μή*.

(3) *Final* (purpose) *clause*, introduced by *ἵνα, ὅπως, ὅπως ἄν*, negative *μή, ἵνα μή, κτλ.*:

*ἐπτώχευσεν ἵνα πλουτήσητε, he became poor in order that you might be rich* (2 Cor. 8[9]).

To this should be added the use of *ἵνα* with the subjunctive to express indirect request (e.g. Col. 1[9], Mark 10[35]) and after *συμφέρει*.

(4) *Indefinite referring to the future*, after *ὃς ἄν, ὃς ἐάν, whoever*; *ὅταν* (*ὅτε ἄν*), *whenever*; *ὅπου ἄν, wherever*; *ἕως, ἕως οὗ, ἕως ὅτου*, with or without *ἄν, until*, e.g.:

*ὅταν ἔλθῃ, whenever he comes*; *ὃς ἂν μένῃ, whoever remains*; *ἕως ἂν ἐξέλθητε, till you go out*; *ἕως εὕρῃ, till he finds*; *ἕως οὗ ἐγερθῇ, till he is raised up.*

(5) *Future conditions*, introduced by *ἐάν, if, ἐάν μή, if not, unless*, e.g.:

*ἐὰν ἀπέλθητε, σωθήσεσθε, if you depart you will be saved.*

(6) *Prohibition*, expressed by μή and the AORIST subjunctive (usually meaning do not begin to do something), e.g. :

*μὴ ὀμόσῃς, do not swear ; μὴ λύσῃς, do not loose.*

N.B. : Prohibition can also be expressed by μή and the PRESENT (never aorist) imperative (usually meaning do not continue to do something, stop doing it) ; e.g. :

*μὴ μένετε, do not remain.*

(7) *Emphatic negative concerning the future* ('shall in no wise', 'shall assuredly not') : οὐ μή and the AORIST subjunctive, e.g. :

οὐ μὴ ἐξέλθωσιν, *they shall in no wise come out.*
οὐ μὴ γεύσωνται θανάτου,[1] *they shall assuredly not taste death.*
οὐ μὴ εἰσέλθητε εἰς τὴν βασιλείαν τοῦ Θεοῦ.
*You shall in no wise enter into the kingdom of God.*

Occasionally οὐ μή is used with the future indicative in the same sense :

ἐὰν δέῃ με συναποθανεῖν σοι, οὐ μή σε ἀρνήσομαι.
*If I must die with you, I will certainly not deny you.*

But much the more frequent usage for this emphatic denial about the future is οὐ μή and the aorist subjunctive, as stated above, e.g. :

τὸν ἐρχόμενον πρός με οὐ μὴ ἐκβάλω ἔξω.
*Him that comes to Me I will in no wise cast out* (John 6[37]).

## EXERCISE 41

Translate into English :

1. ταῦτα δὲ αὐτοῦ ἐνθυμηθέντος,[2] ἰδοὺ ἄγγελος Κυρίου κατ' ὄναρ ἐφάνη αὐτῷ λέγων, Ἰωσὴφ υἱὸς Δαυείδ, μὴ φοβηθῇς παραλαβεῖν Μαρίαν τὴν γυναῖκά σου· τὸ γὰρ ἐν αὐτῇ γεννηθὲν ἐκ Πνεύματός ἐστιν Ἁγίου. τέξεται δὲ υἱόν, καὶ καλέσεις τὸ ὄνομα αὐτοῦ Ἰησοῦν· αὐτὸς γὰρ σώσει τὸν λαὸν αὐτοῦ ἀπὸ τῶν ἁμαρτιῶν αὐτῶν. τοῦτο δὲ ὅλον γέγονεν ἵνα πληρωθῇ τὸ ῥηθὲν ὑπὸ Κυρίου διὰ τοῦ προφήτου.
2. ὅταν εὕρητε αὐτόν, ἀπαγγείλατέ μοι ποῦ ἐστιν.
3. μὴ νομίσητε ὅτι ἦλθον καταλῦσαι τὸν νόμον ἢ τοὺς προφήτας·

[1] γεύομαι, *I taste*, like ἅπτομαι, *I touch*, takes the genitive.
[2] Gen. sing. masc. aor. partic. passive (deponent) of ἐνθυμεῖσθαι, *to consider.*

οὐκ ἦλθον καταλῦσαι ἀλλὰ πληρῶσαι. ἀμὴν γὰρ λέγω ὑμῖν, ἕως ἂν παρέλθῃ ὁ οὐρανὸς καὶ ἡ γῆ, ἰῶτα ἓν ἢ μία κεραία οὐ μὴ παρέλθῃ ἀπὸ τοῦ νόμου ἕως ἂν πάντα γένηται. ὃς ἐὰν οὖν λύσῃ (*relaxes*) μίαν τῶν ἐντολῶν τούτων τῶν ἐλαχίστων καὶ διδάξῃ οὕτως τοὺς ἀνθρώπους, ἐλάχιστος κληθήσεται ἐν τῇ βασιλείᾳ τῶν οὐρανῶν· ὃς δ' ἂν ποιήσῃ καὶ διδάξῃ, οὗτος μέγας κληθήσεται ἐν τῇ βασιλείᾳ τῶν οὐρανῶν. λέγω γὰρ ὑμῖν ὅτι ἐὰν μὴ περισσεύσῃ ὑμῶν ἡ δικαιοσύνη πλεῖον [1] τῶν γραμματέων καὶ Φαρισαίων, οὐ μὴ εἰσέλθητε εἰς τὴν βασιλείαν τῶν οὐρανῶν.

4. τί οὖν λέγωμεν; ἐπιμένωμεν τῇ ἁμαρτίᾳ, ἵνα ἡ χάρις πλεονάσῃ;
5. λέγωμεν τοῖς ἀδελφοῖς ἡμῶν, Ἀγαπῶμεν ἀλλήλους.

Translate into Greek:

1. He said these words in order that you might believe and might not be cast into the fire of Gehenna. What are we to do, if you depart from the church?
2. Let us rejoice always. For whenever we wish, we can help the poor, if we send to them our gifts.
3. Do not do this. Remember (*followed by the genitive*) the commandment of God. Else (εἰ δὲ μή γε), you will certainly not be saved.

## THE OPTATIVE MOOD OF λύω

### ACTIVE

(The second aorist active endings are like the present, e.g.: πάθοιμι, πάθοις, κτλ.)

| | PRESENT | AORIST |
|---|---|---|
| S. 1 | λύοιμι | λύσαιμι |
| 2 | λύοις | λύσειας or λύσαις |
| 3 | λύοι | λύσειε or λύσαι |
| P. 1 | λύοιμεν | λύσαιμεν |
| 2 | λύοιτε | λύσαιτε |
| 3 | λύοιεν | λύσειαν or λύσαιεν |

[1] *more than that of* (sc. τῆς δικαιοσύνης).

PASSIVE

| | PRESENT | AORIST | PERFECT |
|---|---|---|---|
| S. 1 | λυοίμην | λυθείην | λελυμένος εἴην [1] |
| 2 | λύοιο | λυθείης | λελυμένος εἴης |
| 3 | λύοιτο | λυθείη | λελυμένος εἴη |
| P. 1 | λυοίμεθα | λυθεῖμεν or λυθείημεν | λελυμένοι εἶμεν |
| 2 | λύοισθε | λυθεῖτε or λυθείητε | λελυμένοι εἶτε |
| 3 | λύοιντο | λυθεῖεν or λυθείησαν | λελυμένοι εἶεν |

MIDDLE

(Present and perfect the same as the passive)

| FIRST (WEAK) AORIST | SECOND (STRONG AORIST) (ENDINGS AS THE PRESENT) |
|---|---|
| λυσαίμην | γενοίμην |
| λύσαιο | γένοιο |
| λύσαιτο | γένοιτο |
| λυσαίμεθα | γενοίμεθα |
| λύσαισθε | γένοισθε |
| λύσαιντο | γένοιντο |

## USES OF THE OPTATIVE

The optative mood is used more rarely in the New Testament than in classical Greek ; its use is confined to the present and aorist tenses. Negative *μή*.

*It generally expresses a wish* :

*μηκέτι εἰς τὸν αἰῶνα ἐκ σοῦ μηδεὶς [2] καρπὸν φάγοι.*

*May no-one eat fruit from you for ever.*

This is the only optative in the Gospel according to St. Mark (11[14]).

*ὦ παῖ, γένοιο πατρὸς εὐτυχέστερος.*

*O boy, may you become more fortunate than your father.*

*μὴ γένοιτο. May it not be ! God forbid !* (frequent in St. Paul's Epistles).

*χάρις ὑμῖν καὶ εἰρήνη πληθυνθείη.*

*May grace and peace be multiplied to you* (1 Pet. 1[2]).

[1] The present optative of *εἰμί, I am.*

[2] Note the double negative, often used in Greek.

αὐτὸς δὲ ὁ Θεὸς τῆς εἰρήνης ἁγιάσαι ὑμᾶς ὁλοτελεῖς.
*May the God of peace himself sanctify you in your entirety* (1 Th. 5[23]).
καὶ . . . ὑμῶν τὸ πνεῦμα . . . τηρηθείη.
*And may your spirit be preserved* (ibid.).

The present optative of δύναμαι, *I am able:*

δυναίμην
δύναιο
δύναιτο
δυναίμεθα
δύναισθε
δύναιντο

*The optative in conditions*, relating to uncertain future time:

εἰ πάσχοιτε, *if you were to suffer* (1 Pet. 3[14]).
ἔσπευδεν γὰρ εἰ δυνατὸν εἴη αὐτῷ . . . γενέσθαι εἰς Ἱεροσόλυμα. *For he was hastening, if it were possible for him to be in Jerusalem* (Acts 20[16]).

*Potential optative*, meaning *could* or *might*, with or without ἄν:

εὐξαίμην ἂν τῷ Θεῷ, *I could pray to God* (Acts 26[29]).

*In indirect questions*: *should, might*:

ἠρώτησε τί ἂν εἴη τοῦτο, *he asked what this might be.*

## EXERCISE 42

Translate into English:

1. καὶ ἰδοὺ ἀνὴρ Αἰθίοψ εὐνοῦχος δυνάστης Κανδακῆς βασιλίσσης Αἰθιόπων, ὃς ἦν ἐπὶ πάσης τῆς γάζης αὐτῆς, ὃς ἐληλύθει προσκυνήσων εἰς Ἱερουσαλήμ, ἦν δὲ ὑποστρέφων καὶ καθήμενος (sitting) ἐπὶ τοῦ ἅρματος αὐτοῦ καὶ ἀνεγίνωσκεν τὸν προφήτην Ἠσαΐαν. εἶπεν δὲ τὸ Πνεῦμα τῷ Φιλίππῳ, Πρόσελθε καὶ κολλήθητι τῷ ἅρματι τούτῳ. προσδραμὼν δὲ ὁ Φίλιππος ἤκουσεν αὐτοῦ ἀναγινώσκοντος Ἠσαΐαν τὸν προφήτην, καὶ εἶπεν, Ἆρά [1] γε γινώσκεις ἃ ἀναγινώσκεις; ὁ δὲ εἶπεν, Πῶς γὰρ [2] ἂν δυναίμην ἐὰν μή τις ὁδηγήσῃ με; παρεκάλεσέν τε τὸν Φίλιππον ἀναβάντα καθίσαι σὺν αὐτῷ. ἡ δὲ περιοχὴ τῆς γραφῆς ἣν ἀνεγίνωσκεν ἦν αὕτη· Ὡς πρόβατον ἐπὶ σφαγὴν ἤχθη, καὶ ὡς ἀμνὸς ἐν-

[1] ἆρα, with or without γε, introduces a question.
[2] *indeed*. Sc. *No, for* . . .

αντίον τοῦ κείροντος αὐτὸν ἄφωνός ἐστιν, οὕτως οὐκ ἀνοίγει τὸ στόμα αὐτοῦ. ἐν τῇ ταπεινώσει ἡ κρίσις αὐτοῦ ἤρθη· τὴν γενεὰν αὐτοῦ τίς διηγήσεται; ὅτι αἴρεται ἀπὸ τῆς γῆς ἡ ζωὴ αὐτοῦ. ἀποκριθεὶς δὲ ὁ εὐνοῦχος τῷ Φιλίππῳ εἶπεν, Δέομαί σου, περὶ τίνος ὁ προφήτης λέγει τοῦτο; περὶ ἑαυτοῦ ἢ περὶ ἑτέρου τινός; ἀνοίξας δὲ ὁ Φίλιππος τὸ στόμα αὐτοῦ καὶ ἀρξάμενος ἀπὸ τῆς γραφῆς ταύτης εὐηγγελίσατο αὐτῷ τὸν Ἰησοῦν. ὡς δὲ ἐπορεύοντο κατὰ τὴν ὁδόν, ἦλθον ἐπί τι ὕδωρ, καί φησιν ὁ εὐνοῦχος, Ἰδοὺ ὕδωρ· τί κωλύει με βαπτισθῆναι; [εἶπε δὲ ὁ Φίλιππος, Εἰ πιστεύεις ἐξ ὅλης τῆς καρδίας ἔξεστιν. ἀποκριθεὶς δὲ εἶπεν, Πιστεύω εἰς τὸν Χριστὸν τὸν Υἱὸν τοῦ Θεοῦ.] [1]

2. ἰδοὺ ἡ δούλη Κυρίου· γένοιτό μοι κατὰ τὸ ῥῆμά σου.
3. καὶ πάντες διελογίζοντο ἐν ταῖς καρδίαις αὐτῶν περὶ τοῦ Ἰωάννην, μή ποτε αὐτὸς εἴη ὁ Χριστός.

Translate into Greek:

1. Then the blind man asked what this might be.
2. Are we to sin that grace may abound? God forbid!
3. May you never see [2] worse deeds than these.

*δίδωμι, I give*

| PRES. INDIC. ACTIVE | IMPERF. INDIC. ACTIVE | PRES. IMPERATIVE ACTIVE |
|---|---|---|
| δίδωμι | ἐδίδουν | |
| δίδως | ἐδίδους | δίδου |
| δίδωσι | ἐδίδου | διδότω |
| δίδομεν | ἐδίδομεν | |
| δίδοτε | ἐδίδοτε | δίδοτε |
| διδόασι(ν) | ἐδίδοσαν or ἐδίδουν | διδότωσαν or διδόντων |

PRESENT INFINITIVE ACTIVE: διδόναι

PRES. PARTICIPLE ACTIVE

διδούς, διδοῦσα, διδόν
διδόντος, κτλ.

PRESENT SUBJUNCTIVE ACTIVE

| | |
|---|---|
| διδῶ | διδῶμεν |
| διδῷς | διδῶτε |
| διδῷ | διδῶσι(ν) |

SECOND AOR. PARTICIPLE ACTIVE

δούς, δοῦσα, δόν, κτλ.

[1] This verse is omitted in the best MSS.

[2] ἴδοις, second person singular aorist optative from εἶδον.

FUTURE INDIC. ACTIVE: δώσω, κτλ.

FIRST AORIST INDIC. ACTIVE: ἔδωκα, κτλ. (no plural).

PERFECT INDIC. ACTIVE: δέδωκα, κτλ.

SECOND AORIST INFINITIVE ACTIVE: δοῦναι

| SECOND AORIST INDICATIVE ACTIVE | SECOND AORIST SUBJUNCTIVE ACTIVE |
|---|---|
| — | δῶ |
| — | δῷς |
| — | δῷ, δώῃ |
| ἔδομεν | δῶμεν |
| ἔδοτε | δῶτε |
| ἔδοσαν | δῶσι(ν) |

SECOND AORIST ACTIVE IMPERATIVE: δός, δότω, δότε, δότωσαν.

| PRES. INDIC. PASSIVE AND MIDDLE | IMPERF. INDIC. PASSIVE AND MIDDLE |
|---|---|
| δίδομαι | ἐδιδόμην |
| δίδοσαι | ἐδίδοσο |
| δίδοται | ἐδίδοτο |
| διδόμεθα | ἐδιδόμεθα |
| δίδοσθε | ἐδίδοσθε |
| δίδονται | ἐδίδοντο |

| PRESENT SUBJUNCTIVE PASSIVE AND MIDDLE | SECOND AORIST SUBJUNCTIVE MIDDLE |
|---|---|
| διδῶμαι | δῶμαι |
| διδῷ | δῷ |
| διδῶται | δῶται |
| διδώμεθα | δώμεθα |
| διδῶσθε | δῶσθε |
| διδῶνται | δῶνται |

| | PRESENT IMPERATIVE PASSIVE AND MIDDLE | SECOND AORIST IMPERATIVE MIDDLE |
|---|---|---|
| S. 2 | δίδοσο | δοῦ |
| 3 | διδόσθω | δόσθω |
| P. 2 | δίδοσθε | δόσθε |
| 3 | διδόσθωσαν or διδόσθων | δόσθωσαν or δόσθων |

PRESENT INFINITIVE PASSIVE AND MIDDLE: δίδοσθαι.
SECOND AORIST INFINITIVE MIDDLE: δόσθαι.
PRESENT PARTICIPLE PASSIVE AND MIDDLE: διδόμενος, κτλ.
SECOND AORIST PARTICIPLE MIDDLE: δόμενος, κτλ.
PERFECT MIDDLE AND PASSIVE: δέδομαι. AORIST PASSIVE: ἐδόθην.
FUTURE PASSIVE: δοθήσομαι. FUTURE MIDDLE: δώσομαι.

NOTE the following compounds of δίδωμι:

ἀποδίδωμι, *I give back, render*; middle: *I sell*; παραδίδωμι, *I hand over, hand down, betray*; προδίδωμι, *I betray*; ἀναδίδωμι, *I give up*.

## EXERCISE 43

Translate into English:

1. οἱ δὲ στρατιῶται εἰσελθόντες εἰς τὴν Καισαρίαν καὶ ἀναδόντες τὴν ἐπιστολὴν τῷ ἡγεμόνι, ἐκεῖ ἔμενον.
2. ἀποδώσεις δὲ τῷ Κυρίῳ τοὺς ὅρκους σου. οὗτος ὁ νόμος παρεδόθη ἡμῖν.
3. ὁ πατήρ σου ὁ βλέπων ἐν τῷ κρυπτῷ ἀποδώσει σοι.
4. ὃς ἂν ἀπολύσῃ τὴν γυναῖκα αὐτοῦ δότω αὐτῇ ἀποστάσιον.
5. τῷ αἰτοῦντί σε δός. μηδεὶς προδότω τὸν ἀδελφὸν αὐτοῦ τοῖς ἐχθροῖς.
6. τὸν ἄρτον ἡμῶν τὸν ἅγιον δὸς ἡμῖν σήμερον.
7. αἰτεῖτε καὶ δοθήσεται ὑμῖν.
8. τὸν ἄρτον ἡμῶν τὸν καθ' ἡμέραν δίδου ἡμῖν.
9. ἐδόξασαν τὸν Θεὸν τὸν δόντα ἐξουσίαν αὐτοῖς.
10. οὐ μὴ ἐξέλθῃς ἐκεῖθεν ἕως ἂν ἀποδῷς τὸν ἔσχατον κοδράντην.
11. εἰπέ [1] μοι, εἰ τοσούτου (genitive of price) τὸ χωρίον ἀπέδοσθε;

Translate into Greek:

1. He gave to me the books which I love.
2. We wish to give you all the money that we have.
3. Many things will be given to those who ask.
4. Sell all the tables that you have and give the money to the poor.
5. What do you want to give me on the first day of the week? [2]
6. Whoever has the Spirit of God, to him shall be given the fruits of the Spirit.

[1] NOTE the accent: εἰπέ, aorist imperative, *tell, say*. But εἶπε, *he said*.

[2] σάββατα (plural), lit. 'seven' (Aramaic). This plural, like the singular σάββατον, is sometimes used for *a sabbath*.

ἵστημι, *I cause to stand, I place*, etc.

The perfect and pluperfect are intransitive and are used in the sense of a present and imperfect with the meaning of *I stand, I was standing*. The second aorist is also intransitive and means *I stood*.

The passive is used in the sense of *I am caused to stand, I am placed*, hence simply *I stand*.

| PRES. INDIC. ACT. | IMPERF. INDIC. ACT. | PRES. IMPER. ACT. | PRES. SUBJ. ACT. |
|---|---|---|---|
| ἵστημι | ἵστην | | ἱστῶ |
| ἵστης | ἵστης | ἵστη | ἱστῇς |
| ἵστησι | ἵστη | ἱστάτω | ἱστῇ |
| ἵσταμεν | ἵσταμεν | | ἱστῶμεν |
| ἵστατε | ἵστατε | ἵστατε | ἱστῆτε |
| ἱστᾶσι(ν) | ἵστασαν | ἱστάτωσαν or ἱστάντων | ἱστῶσι(ν) |

PRES. INFIN. ACT.: ἱστάναι. PRES. PARTIC. ACT.: ἱστάς, ἱστᾶσα, ἱστάν.

| SECOND AOR. INDIC. ACT. | SECOND AOR. IMPER. ACT. | SECOND AOR. SUBJ. ACT | SECOND AOR. PARTIC. ACT. |
|---|---|---|---|
| ἔστην | | στῶ | στάς, στᾶσα, στάν |
| ἔστης | στῆθι | στῇς | |
| ἔστη | στήτω | στῇ | SECOND AOR. INFIN. ACT. |
| ἔστημεν | | στῶμεν | |
| ἔστητε | στῆτε | στῆτε | στῆναι, *to stand* |
| ἔστησαν | στήτωσαν or στάντων | στῶσι(ν) | |

| PRES. INDIC. MIDDLE AND PASSIVE | IMPERF. INDIC. MIDDLE AND PASSIVE | PRES. IMPER. MID. AND PASS. |
|---|---|---|
| ἵσταμαι | ἱστάμην | |
| ἵστασαι | ἵστασο | ἵστασο |
| ἵσταται | ἵστατο | ἱστάσθω |
| ἱστάμεθα | ἱστάμεθα | |
| ἵστασθε | ἵστασθε | ἵστασθε |
| ἵστανται | ἵσταντο | ἱστάσθωσαν or ἱστάσθων |

| ES. SUBJUNCT. MIDDLE AND PASSIVE | PRES. INFIN. MIDDLE AND PASSIVE |
|---|---|
| ἱστῶμαι | ἵστασθαι |
| ἱστῇ | PRES. PARTICIPLE MIDDLE AND PASSIVE |
| ἱστῆται | ἱστάμενος, ἱσταμένη, ἱστάμενον |
| ἱστώμεθα | |
| ἱστῆσθε | |
| ἱστῶνται | |

The other tenses of ἵστημι are as follows:

FUTURE ACTIVE: στήσω, *I shall cause to stand.*

FIRST AORIST ACTIVE: ἔστησα, *I caused to stand.*

PERFECT ACTIVE: ἕστηκα, *I stand.*

PLUPERFECT ACTIVE: ἑστήκειν or εἱστήκειν, *I was standing.*

PERFECT PARTICIPLE ACTIVE: ἑστηκώς, ἑστηκυῖα, ἑστηκός, *standing.*

SECOND PERFECT PARTICIPLE ACTIVE: ἑστῶς, ἑστῶσα, ἑστός, *standing.*

FUTURE MIDDLE: στήσομαι, *I shall stand.*

FIRST AORIST PASSIVE: ἐστάθην, *I stood.*

FUTURE PASSIVE: σταθήσομαι, *I shall stand.*

NOTE the following compounds of ἵστημι:

ἀνίστημι, *I cause to stand up, I raise up*; ἀφίστημι, *I cause to stand away*; ἐφίστημι, *I cause to stand against or over*; ἐνίστημι, *I cause to stand in*; παρίστημι,[1] *I cause to stand alongside*; περιίστημι, *I cause to stand round*; συνίστημι, *I cause to stand with* (συνιστάνω is also found).

N.B.: πείθομαι (middle) means *I obey*, and takes the dative. In the passive it means, of course, *I am persuaded.*

## EXERCISE 44

Translate into English:

1. Ἰδοὺ ἕστηκα ἐπὶ τὴν θύραν καὶ κρούω· ἐάν τις ἀκούσῃ τῆς φωνῆς μου καὶ ἀνοίξῃ τὴν θύραν, εἰσελεύσομαι πρὸς αὐτὸν καὶ δειπνήσω μετ' αὐτοῦ καὶ αὐτὸς μετ' ἐμοῦ. ὁ νικῶν, δώσω αὐτῷ καθίσαι μετ' ἐμοῦ ἐν τῷ θρόνῳ μου, ὡς κἀγὼ ἐνίκησα καὶ ἐκάθισα μετὰ τοῦ Πατρός μου ἐν τῷ θρόνῳ αὐτοῦ. ὁ ἔχων οὖς ἀκουσάτω τί τὸ Πνεῦμα λέγει ταῖς ἐκκλησίαις.

[1] παριστάνω is also found.

2. καὶ ὅταν προσεύχησθε, οὐκ ἔσεσθε ὡς οἱ ὑποκριταί· ὅτι φιλοῦσιν ἐν ταῖς συναγωγαῖς καὶ ἐν ταῖς γωνίαις τῶν πλατειῶν ἑστῶτες προσεύχεσθαι, ὅπως φανῶσιν τοῖς ἀνθρώποις· ἀμὴν λέγω ὑμῖν, ἀπέχουσιν τὸν μισθὸν αὐτῶν.
3. ὁ Φαρισαῖος σταθεὶς ταῦτα πρὸς ἑαυτὸν προσηύχετο, Ὁ Θεός, εὐχαριστῶ σοι [1] ὅτι οὐκ εἰμι ὥσπερ οἱ λοιποὶ τῶν ἀνθρώπων. ὁ τελώνης δὲ ἑστηκὼς μετενόει.
4. ἔκραξεν φωνῇ μεγάλῃ, Κύριε, μὴ στήσῃς αὐτοῖς ταύτην τὴν ἁμαρτίαν.
5. ἀναστήσει σπέρμα τῷ ἀδελφῷ αὐτοῦ.
6. μετὰ τοῦτον ἀνέστη Ἰούδας ὁ Γαλιλαῖος ἐν ταῖς ἡμέραις τῆς ἀπογραφῆς καὶ ἀπέστησεν λαὸν ὀπίσω αὐτοῦ· κἀκεῖνος ἀπώλετο, καὶ πάντες ὅσοι ἐπείθοντο αὐτῷ διεσκορπίσθησαν. καὶ τὰ [2] νῦν λέγω ὑμῖν, ἀπόστητε ἀπὸ τῶν ἀνθρώπων τούτων.
7. καὶ ἄγγελος Κυρίου ἐπέστη αὐτοῖς καὶ δόξα Κυρίου περιέλαμψεν αὐτούς, καὶ ἐφοβήθησαν φόβον μέγαν.[3]
8. πέπεισμαι γὰρ ὅτι οὔτε θάνατος οὔτε ζωὴ οὔτε ἐνεστῶτα [4] οὔτε μέλλοντα δυνήσεται ἡμᾶς χωρίσαι ἀπὸ τῆς ἀγάπης τοῦ Θεοῦ.

Translate into Greek :

1. Stand upon your feet, and go into the city.
2. Set the lamp on the lampstand (λυχνία).
3. He stood up in the market-place to pray.

τίθημι, *I place*

| PRES. INDIC. ACT. | IMPERF. INDIC. ACT. | PRES. IMPER. ACT. | PRES. SUBJ. ACT. |
|---|---|---|---|
| τίθημι | ἐτίθην | | τιθῶ |
| τίθης | ἐτίθεις | τίθει | τιθῇς |
| τίθησι(ν) | ἐτίθει | τιθέτω | τιθῇ |
| τίθεμεν | ἐτίθεμεν | | τιθῶμεν |
| τίθετε | ἐτίθετε | τίθετε | τιθῆτε |
| τιθέασι(ν) | ἐτίθεσαν or ἐτίθουν | τιθέτωσαν | τιθῶσι(ν) |

[1] εὐχαριστεῖν, *to thank*, *to give thanks to*, takes the dative.

[2] τὰ is often used adverbially, 'as to the things', but need not here be translated.

[3] Cognate accusative, *feared greatly*.

[4] *things present*.

PRES. INFIN. ACT. : τιθέναι.

PRES. PARTICIPLE ACTIVE : τιθείς, τιθεῖσα, τιθέν.

| SECOND AOR. INDIC. ACT. | SECOND AOR. IMPER. ACT. | SECOND AOR. SUBJ. ACT. |
|---|---|---|
| — | | θῶ |
| — | θές | θῇς |
| — | θέτω | θῇ |
| ἔθεμεν | | θῶμεν |
| ἔθετε | θέτε | θῆτε |
| ἔθεσαν | θέτωσαν | θῶσι(ν) |

SECOND AORIST INFINITIVE ACTIVE : θεῖναι.

SECOND AORIST PARTICIPLE ACT. : θείς, θεῖσα, θέν.

| PRES. INDIC. MIDDLE AND PASSIVE | IMPERF. MIDDLE AND PASS. | IMPERATIVE | PRES. SUBJ. MIDDLE AND PASSIVE |
|---|---|---|---|
| τίθεμαι | ἐτιθέμην | | τιθῶμαι |
| τίθεσαι | ἐτίθεσο | τίθεσο | τιθῇ |
| τίθεται | ἐτίθετο | τιθέσθω | τιθῆται |
| τιθέμεθα | ἐτιθέμεθα | | τιθώμεθα |
| τίθεσθε | ἐτίθεσθε | τίθεσθε | τιθῆσθε |
| τίθενται | ἐτίθεντο | τιθέσθωσαν | τιθῶνται |

PRES. INFIN. MIDDLE AND PASSIVE : τίθεσθαι.

PRES. PARTICIPLE MIDD. AND PASS. : τιθέμενος, -η, -ον.

| SECOND AOR. INDIC. MIDDLE | SECOND AOR. IMPER. MIDD. | SECOND AOR. SUBJ. MIDD. | SECOND AOR. INF. MIDD. |
|---|---|---|---|
| ἐθέμην | | θῶμαι | θέσθαι |
| ἔθου | θοῦ | θῇ | |
| ἔθετο | θέσθω | θῆται | SECOND AOR. |
| ἐθέμεθα | | θώμεθα | PARTIC. MIDD. |
| ἔθεσθε | θέσθε | θῆσθε | θέμενος, -η, -ον |
| ἔθεντο | θέσθωσαν | θῶνται | |

FUT. ACT., θήσω ; FIRST AOR. ACT., ἔθηκα ; PERF. ACT., τέθεικα ; PERF. PASS., τέθειμαι or κεῖμαι [1] ; AOR. PASS., ἐτέθην ; FUT. PASS., τεθήσομαι ; FUT. MIDDLE, θήσομαι.

[1] Lit. : 'I lie', a perfect form with a present meaning : often, *I have been placed.*

NOTE: The parts of ἀφίημι, *I send away, I let go, I allow, I forgive,*[1] are conjugated for the most part like τίθημι.

PRINCIPAL PARTS: ἀφίημι, ἀφήσω, ἀφῆκα. AOR. PASS.: ἀφέθην.
THIRD SING. PRES. INDIC. ACT.: ἀφίησι(ν). SECOND PERS. PLUR.: ἀφίετε.
THIRD PLURAL PRES. INDIC. ACT.: ἀφίασι or ἀφίουσι.
THIRD SING. IMPERF. INDIC. ACT.: ἤφιε. PRES. INFIN. ACT.: ἀφιέναι.
SECOND AOR. INFIN. ACT.: ἀφεῖναι.
THIRD PLURAL PRES. IND. PASS.: ἀφίενται. THIRD PLURAL PERF. INDIC. PASS.: ἀφέωνται.
SECOND AOR. IMPERATIVE ACT. SECOND SING.: ἄφες. SECOND PLUR.: ἄφετε. SECOND AOR. SUBJ. ACT.: ἀφῶ κτλ.
SECOND AOR. PART. ACT.: ἀφείς, ἀφεῖσα, ἀφέν.

Like ἀφίημι is conjugated συνίημι, *I understand.*

NOTE the following compounds of τίθημι: ἀποτίθεμαι (middle), *I put away from myself*; ἐπιτίθημι, *I put on, I add*; κατατίθημι, *I put down*; middle: *I gain, I deposit for myself*; ἐκτίθεμαι (middle), *I expound*; περιτίθημι, *I put round*; παρατίθημι, *I put alongside.*

## EXERCISE 45

Translate:

1. οὐ δύναται πόλις κρυβῆναι ἐπάνω[2] ὄρους κειμένη· οὐδὲ καίουσιν λύχνον καὶ τιθέασιν αὐτὸν ὑπὸ τὸν μόδιον, ἀλλ' ἐπὶ τὴν λυχνίαν, καὶ λάμπει πᾶσιν τοῖς ἐν τῇ οἰκίᾳ.
2. θήσω τὸ πνεῦμά μου ἐπ' αὐτόν.
3. εἶπεν Κύριος τῷ Κυρίῳ μου, Κάθου ἐκ δεξιῶν μου ἕως ἂν θῶ τοὺς ἐχθρούς σου ὑποκάτω τῶν ποδῶν σου.
4. τὸ μέρος αὐτοῦ μετὰ τῶν ὑποκριτῶν θήσει.
5. καὶ ἔλεγεν αὐτοῖς ὅτι[3] Μήτι ἔρχεται ὁ λύχνος ἵνα ὑπὸ τὸν μόδιον τεθῇ ἢ ὑπὸ τὴν κλίνην; οὐχ ἵνα ἐπὶ τὴν λυχνίαν τεθῇ; οὐ γὰρ ἔστι τι κρυπτόν, ἐὰν μὴ ἵνα φανερωθῇ· οὐδὲ ἐγένετο ἀπόκρυφον, ἀλλ' ἵνα ἔλθῃ εἰς φανερόν. εἴ τις ἔχει ὦτα ἀκούειν, ἀκουέτω.
6. ἀποθέμενοι οὖν πᾶσαν κακίαν καὶ πάντα δόλον καὶ ὑποκρίσεις καὶ φθόνους καὶ πάσας καταλαλιάς, ὡς ἀρτιγέννητα βρέφη τὸ

[1] Takes dative of person forgiven.
[2] Compound of ἐπί, *on*, and ἄνω, *above*: translate, *upon*.
[3] Do not translate: it equals inverted commas.

λογικὸν ἄδολον γάλα ἐπιποθήσατε, ἵνα ἐν αὐτῷ αὐξηθῆτε εἰς σωτηρίαν, εἰ ἐγεύσασθε ὅτι χρηστός ἐστιν ὁ Κύριος.

7. ταῦτα αὐτοῦ λαλοῦντος αὐτοῖς, ἰδοὺ ἄρχων εἷς προσελθὼν προσεκύνει αὐτῷ λέγων ὅτι, Ἡ θυγάτηρ μου ἄρτι ἐτελεύτησεν, ἀλλ' ἐλθὼν ἐπίθες τὴν χεῖρά σου ἐπ' αὐτήν, καὶ ζήσεται.

8. ἐὰν οὖν προσφέρῃς τὸ δῶρόν σου ἐπὶ τὸ θυσιαστήριον κἀκεῖ μνησθῇς ὅτι ὁ ἀδελφός σου ἔχει τι κατὰ σοῦ, ἄφες ἐκεῖ τὸ δῶρόν σου ἔμπροσθεν τοῦ θυσιαστηρίου καὶ ὕπαγε πρῶτον διαλλάγηθι [1] τῷ ἀδελφῷ σου, καὶ τότε ἐλθὼν πρόσφερε τὸ δῶρόν σου.

9. ἄφες ἡμῖν τὰ ὀφειλήματα ἡμῶν, ὡς καὶ ἡμεῖς ἀφήκαμεν τοῖς ὀφειλέταις ἡμῶν.

10. ἐὰν ἀφῆτε τοῖς ἀνθρώποις τὰ παραπτώματα αὐτῶν, ἀφήσει καὶ ὑμῖν ὁ Πατὴρ ὑμῶν.

## CONDITIONAL SENTENCES

A complete conditional sentence has two clauses, the 'if' or 'unless' clause (the protasis), and the main clause (the apodosis).

1. Conditions of simple fact. Indicative. Negative οὐ (occasionally μή):

εἰ ταῦτα ἐποίησεν, ἡμάρτανεν, *if he did these things, he sinned.*

NOTE the special phrase εἰ δὲ μή, εἰ δὲ μή γε (lit. *if not, if not at any rate*) *else, otherwise* (e.g. Matt. 6[1]).

Other tenses can be used to suit the sense, e.g.:

εἰ ταῦτα ποιήσει, ἁμαρτήσει, *if he does* (lit. *shall do*) *this, he will err.*

As we have seen, however, future conditions are more often expressed by ἐάν and the subjunctive.

2. Unfulfilled conditions relating to the present. Use the imperfect, with ἄν in the apodosis:

εἰ ταῦτα ἐποίει, ἡμάρτανεν ἄν, *if he were doing this* (*now*), *he would be wrong.*

3. Unfulfilled conditions relating to the past. Use the aorist indicative, with ἄν in the apodosis:

εἰ ταῦτα ἐποίησεν, ἥμαρτεν ἄν, *if he had done this, he would have been wrong.*

[1] Second sing. second aor. imperative passive of διαλλάσσω, *I reconcile.*

4. Conditions of remote future possibility. Use the optative, with ἄν in the apodosis:

εἰ ταῦτα πράσσοι, ἁμαρτάνοι ἄν, *if he were to do (should do) this, he would err.*

Negative μή in the protasis in all instances.

EXERCISE 46

Translate into English:

1. ἀλλ' εἰ καὶ (*even if*) πάσχοιτε διὰ δικαιοσύνην, μακάριοι ἂν εἴητε.
2. κρεῖττον γὰρ ἂν εἴη ὑμᾶς ἀγαθοποιοῦντας πάσχειν, εἰ θέλοι τὸ θέλημα τοῦ Θεοῦ, ἢ κακοποιοῦντας.
3. εἰ ἐβρόντησε, καὶ [1] ἤστραψεν.
4. εἰ μὴ ἐπλούτουν, οὐκ ἂν ἦρχον. εἰ μὴ πλουτήσεις, οὐκ ἄρξεις.

Translate into Greek:

1. If you say this, you are ignorant.
2. If you do this, you will suffer. But if you were wise, you would not be present.
3. If I were to see [2] them, I should not write letters to them.

## USES OF THE DEFINITE ARTICLE

In addition to the uses of the definite article already given, learn the following points:

1. The definite article was originally a demonstrative pronoun. Cf. Acts $17^{28}$ (a quotation from the poet Aratus, found also in Aristobulus, a hellenizing Jew who flourished about 150 B.C.):

τοῦ γὰρ καὶ γένος ἐσμέν, *for we are also His offspring.*

This usage survives in N.T. Greek in the phrase ὁ δέ, *and he, but he,* introducing a new sentence, but never referring to the *subject* of the previous sentence, e.g.:

ἐκάλεσεν αὐτούς, οἱ δὲ εὐθέως ἀφέντες τὰ δίκτυα ἠκολούθησαν αὐτῷ (Matt. $4^{20}$).

*He called them, and they immediately forsook* (lit. *having forsaken*) *their nets and followed Him.*

[1] *also.* [2] Use βλέπω.

2. The article qualifying an adverb makes a noun :

οἱ ἔξω, *the outsiders* ; ἡ αὔριον, *the morrow* ; ὁ πλησίον, *the neighbour* ; τὸ ἐκτός, *the outside* ; τὸ ἐντός, *the inside* ; τὰ ἄνω, *the things above* ; οἱ νῦν, *the contemporaries, the people of today* ; οἱ τότε, *the people of that time* ; οἱ πάλαι, *the men of old time.*

3. Sometimes in N.T. Greek the article is used with the nominative, where one would expect a simple vocative. This is called *the articular nominative of address* :

ἡ παῖς, ἐγείρου, *maiden, arise* (Luke 8[54]).

ἀποχωρεῖτε ἀπ' ἐμοῦ, οἱ ἐργαζόμενοι τὴν ἀνομίαν.

*Depart from me, ye who work iniquity* (Matt. 7[23]).

δεῦτε, οἱ εὐλογημένοι τοῦ Πατρός μου.

*Come, ye blessed of my Father* (Matt. 25[34]).

4. The article followed by a noun in the genitive case sometimes means *the son of, the daughter of, the wife of, the mother of,* e.g. :

Μαρία ἡ τοῦ Ἰακώβου, *Mary, mother of James* ; Ἰάκωβον τὸν τοῦ Ζεβεδαίου, *James the son of Zebedee.*

5. Remember that the article is used with possessives :

ὁ ἐμὸς ἀδελφός, ὁ ἀδελφὸς ὁ ἐμός, ὁ ἀδελφός μου, *my brother.*

οἱ ἡμέτεροι δοῦλοι, οἱ δοῦλοι οἱ ἡμέτεροι, οἱ δοῦλοι ἡμῶν, *our slaves.*

τὸ ἔργον αὐτοῦ, *his work.*

ἡ πόλις αὐτῶν, *their city.*

## EXERCISE 47

Translate into English :

1. οἱ δὲ ὑπέστρεψαν εἰς τὴν πόλιν ἐν τῷ σπείρειν ἡμᾶς ἐν τοῖς ἀγροῖς.
2. οἱ οἰκέται, ὑποτασσόμενοι[1] ἐν παντὶ φόβῳ τοῖς δεσπόταις, οὐ μόνον τοῖς ἀγαθοῖς καὶ ἐπιεικέσιν ἀλλὰ καὶ τοῖς σκολιοῖς.
3. οἱ ἄνδρες ὁμοίως, συνοικοῦντες[1] σὺν ταῖς γυναιξὶν ὑμῶν, τιμῶντες αὐτάς.
4. ὁ υἱός μου, τρέχε ταχέως διὰ τῆς πύλης εἰς τὸ διδασκαλεῖον.
5. οἱ μέν εἰσιν ἐλεύθεροι, οἱ δὲ δοῦλοι.
6. τοῦ δὲ πλήθους τῶν πιστευσάντων ἦν καρδία καὶ ψυχὴ μία.

[1] An unusual use of the present participle in the sense of an imperative.

7. ἀνέστη δὲ ὁ ἀρχιερεὺς καὶ πάντες οἱ σὺν αὐτῷ.
8. οἱ νῦν κρείττονές εἰσι τῶν πάλαι.
9. οἱ τὴν οἰκουμένην ἀναστατώσαντες [1] οὗτοι καὶ ἐνθάδε πάρεισιν.
10. ὁ Θεὸς ὁ ποιήσας τὸν κόσμον καὶ πάντα τὰ ἐν αὐτῷ, οὗτος οὐρανοῦ καὶ γῆς ὑπάρχων Κύριος οὐκ ἐν χειροποιήτοις ναοῖς κατοικεῖ, οὐδὲ ὑπὸ χειρῶν ἀνθρωπίνων θεραπεύεται προσδεόμενός τινος, αὐτὸς διδοὺς πᾶσι ζωὴν καὶ πνοὴν καὶ τὰ πάντα· ἐποίησέ τε ἐξ ἑνὸς πᾶν ἔθνος ἀνθρώπων κατοικεῖν ἐπὶ παντὸς προσώπου τῆς γῆς, ὁρίσας προστεταγμένους καιρούς.

Translate into Greek :

1. And it came to pass, while that disciple was in Corinth,[2] Paul came to Ephesus.
2. I send thee to open the eyes of the outsiders, to turn [3] them from darkness into light, that they may receive [3] forgiveness of sins and an inheritance among those that have been sanctified by faith in me.
3. To him who works the reward is not reckoned according to grace, but according to debt.
4. Some eat to live, others live to eat.

## USES OF THE ACCUSATIVE

1. Some verbs, such as *ask* (αἰτέω, *I ask a request*; ἐρωτάω, *I ask a question* [4]), and *teach* (διδάσκω [4]), take two accusatives, one of the person, the other of the thing, e.g. :

τὸν πατέρα σῖτον ᾔτησεν, *he asked his father for food.*

2. The *accusative of respect* limits the meaning of a verb or adjective, e.g. :

νοσεῖ τὴν κεφαλήν, *he is sick in the head.*
παρθένος καλὴ τὸ εἶδος, *a maiden beautiful in form.*
ὁ ποταμὸς εἴκοσι πόδας εἶχε τὸ εὖρος, *the river was twenty feet broad.*

[1] ἀναστατόω, *I turn upside down.*
[2] ἡ Κόρινθος. All names of cities are feminine.
[3] Use the genitive of the articular infinitive.
[4] Such a verb can also be followed by περί (*concerning*) and the genitive.

Under this head come the so-called *adverbial accusatives* :

οὐδέν, *in no respect* ; πολύ, *by far* ; τί, *why?* ; τὸ πᾶν, *altogether* ; τἄλλα, *in the other respects.*

3. Accusative denoting time :

'Time how long' is expressed by the *accusative* :

τρεῖς μῆνας ἐνόσει, *he was ill for three months.*

'Time within which' is expressed by the *genitive* :

ταύτης τῆς νυκτὸς ἐνόσησε, *he fell ill during this night.*

'Time when' is expressed by the *dative* :

τῇ τετάρτῃ ἡμέρᾳ ἀπέθανε, *he died on the fourth day.*

4. Accusative denoting extent of space :

ὅστις σε ἀγγαρεύσει [1] μίλιον ἕν, ὕπαγε μετ' αὐτοῦ δύο.

*Whoever shall compel thee to go with him one mile, go with him two* (Matt. 5⁴¹).

5. Cognate accusative, when the object of the verb expresses the same meaning as the verb, e.g. : Mark $4^{41}$ :

ἐφοβήθησαν φόβον μέγαν, *they were greatly afraid* (lit. *feared a great fear*).

6. *Adverbial accusative* after passives, e.g. :

ἐνδεδυμένος ἔνδυμα γάμου, *clothed in a wedding garment* (Matt. $22^{11}$).

ἐνδεδυμένος τρίχας καμήλου, *clad in camel's hair* (Mark $1^{6}$).

## EXERCISE 48

Translate into English :

1. ἐνήστευε τεσσαράκοντα ἡμέρας καὶ τεσσαράκοντα νύκτας.
2. τριῶν μηνῶν ἀποθανεῖται ὁ βασιλεὺς ὁ νοσήσας τρία ἔτη.
3. τῇ τετάρτῃ ἡμέρᾳ ἀπῆλθεν εἰς τὴν πόλιν.
4. αἰτήσωμεν αὐτὸν ποτήριον ψυχροῦ ὕδατος.
5. ἡ ὁδὸς τρία μίλιά ἐστι τὸ μῆκος.
6. καὶ μετὰ ταῦτα εἶδον, καὶ ἠνοίγη ὁ ναὸς τῆς σκηνῆς τοῦ μαρτυρίου ἐν τῷ οὐρανῷ, καὶ ἐξῆλθον οἱ ἑπτὰ ἄγγελοι οἱ ἔχοντες τὰς ἑπτὰ πληγὰς ἐκ τοῦ ναοῦ, ἐνδεδυμένοι λίνον καθαρὸν λαμπρὸν καὶ περιεζωσμένοι [2] περὶ τὰ στήθη ζώνας χρυσᾶς.[3] καὶ ἓν

[1] lit. *impress for service.*

[2] Nom. plur. masc. perf. participle passive of περιζώννυμι or περιζωννύω, *I gird round.*

[3] Acc. plur. fem. of χρύσεος, *golden* (contracted form).

*ἐκ τῶν τεσσάρων ζώων ἔδωκεν τοῖς ἑπτὰ ἀγγέλοις ἑπτὰ φιάλας γεμούσας τοῦ θυμοῦ τοῦ Θεοῦ τοῦ ζῶντος εἰς τοὺς αἰῶνας τῶν αἰώνων.*

Translate into Greek :

1. He used to walk many miles when he was a young man.
2. The humble slaves will never ask their master for gold.
3. Clad in white garments, he entered the temple during the night.
4. Our Lord Jesus Christ was raised by the power of God on the third day.
5. The son is by far [1] wiser than his father.
6. We shall be in no respect happier when we have become rich.[2]
7. He was altogether foolish, as you very well [3] know.
8. They did not obey the king. In other respects they were faithful disciples.

## QUESTIONS

DIRECT

(a) *Single*

(1) With interrogative pronouns or adjectives or adverbs : *τίς; who?* ; *πόσος; πηλίκος; how great?* ; *πόσοι; how many?* ; *ποῖος; ποταπός; of what kind?* ; *τί; διὰ τί; why?* [4] ; *ποῦ; where?* ; *πῶς; how?* ; *ποῖ; whither?* ; *πόθεν; whence?* ; *πότε; when?* ; *πόσῳ* [5] *μᾶλλον; (by) how much more?* e.g. :

*πόσους ἄρτους ἔχετε; How many loaves have you ?*

(2) With the interrogative particle *ἆρα;* (this is often omitted in N.T.), e.g. :

*ἆρα εὑρήσει τὴν πίστιν ἐπὶ τῆς γῆς; Will he find faith on the earth ?* (Luke 18⁸).

*κλέπτεις; Dost thou steal ?* (Rom. 2²¹).

Or *εἰ*, e.g. :

*εἰ ἔξεστι τοῖς σάββασι θεραπεύειν; Is it lawful to heal on the Sabbath ?* (Matt. 12¹⁰).

[1] *πολύ*. But *πολλῷ* (dative of the measure of difference) could also be used.

[2] Use aor. part. active.

[3] Use comparative adverb.

[4] N.B. Luke's use of *τί ὅτι*, *why is it that . . . ?* ; *why was it that . . . ?* (Luke 2⁴⁹, Acts 5⁴).

[5] Dative of the measure of difference.

(3) If the question expects the answer *Yes*, the negative is *οὐ* or *οὐχί*, e.g.:

*οὐχὶ καὶ οἱ τελῶναι τὸ αὐτὸ ποιοῦσι; Do not even the tax-collectors the same?* (Matt. $5^{46}$).

(4) If the question expects the answer *No*, the negative is *μή* or *μήτι*, e.g.:

*μὴ λίθον ἐπιδώσει αὐτῷ; Surely he will not give him a stone?* (Matt. $7^{9}$).

(5) Deliberative subjunctive, e.g.:

*ἐπιμένωμεν τῇ ἁμαρτίᾳ; Are we to remain in sin?* (Rom. $6^{1}$).

(b) *Double.* *πότερον* (*εἰ*, *ἆρα*) . . . *ἤ*; but *πότερον κτλ.* may be omitted, e.g.:

*τὸ βάπτισμα Ἰωάννου πόθεν ἦν; ἐξ οὐρανοῦ; ἢ ἐξ ἀνθρώπων; The baptism of John, whence was it? From heaven? or from men?* (Matt. $21^{25}$).

INDIRECT

(a) *Single.* Introduced by interrogative pronoun, adjective or adverb, or *εἰ*, e.g.:

*ἦλθεν εἰ ἄρα τι εὑρήσει ἐν αὐτῇ, he came to see whether perchance he would find anything on it* (Mark $11^{13}$).

(Distinguish *ἄρα*, *after all*, from the interrogative *ἆρα;*.)

(b) *Double.* *εἰ* (or *πότερον*) . . . *ἤ*; *πότερον* occurs in N.T. once only, at John $7^{17}$:

*γνώσεται περὶ τῆς διδαχῆς πότερον ἐκ τοῦ Θεοῦ ἐστιν ἢ ἐγὼ ἀπ' ἐμαυτοῦ λαλῶ.*

*He will know concerning the teaching whether it is from God or whether I speak from myself.*

N.B.—The tense of the direct speech is retained, e.g.:

*ἠρώτησαν αὐτὸν τίς ἐστι, they asked him who he was.*

## EXERCISE 49

Translate into English:

1. *ἆρα Χριστός ἐστιν ἁμαρτίας διάκονος; μὴ γένοιτο.*
2. *καὶ προσῆλθον αὐτῷ Φαρισαῖοι πειράζοντες αὐτὸν καὶ λέγοντες, Εἰ ἔξεστιν ἀπολῦσαι τὴν γυναῖκα αὐτοῦ κατὰ πᾶσαν αἰτίαν; ὁ*

δὲ ἀποκριθεὶς εἶπεν, Οὐκ ἀνέγνωτε ὅτι ὁ κτίσας ἀπ' ἀρχῆς ἄρσεν καὶ θῆλυ ἐποίησεν αὐτούς; καὶ εἶπεν, Ἕνεκα τούτου καταλείψει ἄνθρωπος τὸν πατέρα καὶ τὴν μητέρα καὶ κολληθήσεται τῇ γυναικὶ αὐτοῦ, καὶ ἔσονται οἱ δύο εἰς σάρκα μίαν. ὥστε οὐκέτι εἰσὶν δύο ἀλλὰ σὰρξ μία. ὃ οὖν ὁ Θεὸς συνέζευξεν, ἄνθρωπος μὴ χωριζέτω. λέγουσιν αὐτῷ, Τί οὖν Μωϋσῆς ἐνετείλατο δοῦναι βιβλίον ἀποστασίου καὶ ἀπολῦσαι;

3. οἱ δὲ λοιποὶ εἶπον, Ἄφες ἴδωμεν εἰ ἔρχεται Ἠλείας σώσων αὐτόν.
4. ὁ δὲ Πειλᾶτος ἐθαύμασεν εἰ ἤδη τέθνηκεν, καὶ προσκαλεσάμενος τὸν κεντυρίωνα ἐπηρώτησεν αὐτὸν εἰ πάλαι ἀπέθανεν.
5. καὶ ἰδοὺ εἷς προσελθὼν αὐτῷ εἶπεν, Διδάσκαλε, τί ἀγαθὸν ποιήσω ἵνα σχῶ ζωὴν αἰώνιον; ὁ δὲ εἶπεν αὐτῷ, Τί με ἐρωτᾷς περὶ τοῦ ἀγαθοῦ; εἷς ἐστιν ὁ ἀγαθός· εἰ δὲ θέλεις εἰς τὴν ζωὴν εἰσελθεῖν, τήρει τὰς ἐντολάς. λέγει αὐτῷ, Ποίας;
6. καὶ ἐλθόντος αὐτοῦ εἰς τὸ ἱερὸν προσῆλθον αὐτῷ διδάσκοντι οἱ ἀρχιερεῖς καὶ οἱ πρεσβύτεροι τοῦ λαοῦ λέγοντες, Ἐν ποίᾳ ἐξουσίᾳ ταῦτα ποιεῖς; καὶ τίς σοι ἔδωκεν τὴν ἐξουσίαν ταύτην;

## οἶδα, *I know*

(The forms of this verb not found in N.T. are in brackets.)
οἶδα is a perfect whose present εἴδω is not in use.

| PERF. INDIC. | PLUPERF. | IMPERAT. | SUBJUNCTIVE |
|---|---|---|---|
| οἶδα | ᾔδειν | | εἰδῶ |
| οἶδας | ᾔδεις | (ἴσθι) | εἰδῇς |
| οἶδε | ᾔδει | (ἴστω) | εἰδῇ |
| οἴδαμεν | ᾔδειμεν | | εἰδῶμεν |
| οἴδατε, ἴστε | ᾔδειτε | ἴστε | εἰδῆτε |
| οἴδασι(ν), ἴσασι(ν) | ᾔδεισαν | (ἴστωσαν) | εἰδῶσι(ν) |

INFINITIVE : εἰδέναι

PARTICIPLE

| SING. | | | PLUR. | | |
|---|---|---|---|---|---|
| εἰδώς | εἰδυῖα | εἰδός | εἰδότες | εἰδυῖαι | εἰδότα |
| εἰδότα | εἰδυῖαν | εἰδός | εἰδότας | εἰδυίας | εἰδότα |
| εἰδότος | εἰδυίας | εἰδότος | εἰδότων | εἰδυιῶν | εἰδότων |
| εἰδότι | εἰδυίᾳ | εἰδότι | εἰδόσι(ν) | εἰδυίαις | εἰδόσι(ν) |

## USES OF ἐγένετο, *it came to pass*

(a) Followed simply by another sentence (*parataxis*), e.g. :

*καὶ ἐγένετο ὅτε ἐτέλεσεν ὁ Ἰησοῦς τοὺς λόγους τούτους,*[1] *ἐξεπλήσσοντο οἱ ὄχλοι ἐπὶ τῇ διδαχῇ αὐτοῦ.*

*And it came to pass when Jesus finished these words, the crowds were astonished at his teaching* (Matt. 7²⁸).

(b) Followed by *καί* and another sentence, e.g. :

*ἐγένετο δὲ ἐν τῷ τὸν ὄχλον ἐπικεῖσθαι αὐτῷ καὶ ἀκούειν τὸν λόγον τοῦ Θεοῦ, καὶ αὐτὸς ἦν ἑστὼς παρὰ τὴν λίμνην Γεννησαρέτ.*

*And it came to pass while the crowd pressed upon Him and heard the word of God, he was standing by the lake of Gennesaret* (Luke 5¹, cf. Matt. 9¹⁰).

(c) Followed by accusative and infinitive, e.g. :

*ἐγένετο δὲ ἐν τῷ βαπτισθῆναι ἅπαντα τὸν λαὸν καὶ Ἰησοῦ βαπτισθέντος καὶ προσευχομένου ἀνεῳχθῆναι τὸν οὐρανόν, καὶ καταβῆναι τὸ Πνεῦμα τὸ Ἅγιον σωματικῷ εἴδει ὡς περιστερὰν ἐπ' αὐτόν, καὶ φωνὴν ἐξ οὐρανοῦ γενέσθαι, Σὺ εἶ ὁ Υἱός μου ὁ ἀγαπητός, ἐν σοὶ εὐδόκησα* (Luke 3²¹⁻²).

(d) Followed rarely by the genitive of the articular infinitive, e.g. :

*ὡς δὲ ἐγένετο τοῦ εἰσελθεῖν τὸν Πέτρον, when it came to pass that Peter entered* (Acts 10²⁵).

### EXERCISE 50

Translate into English :

1. The example given above from Luke 3²¹⁻².
2. ἐγένετο δὲ ἐπὶ τὴν αὔριον συναχθῆναι αὐτῶν τοὺς ἄρχοντας καὶ τοὺς πρεσβυτέρους καὶ τοὺς γραμματεῖς.
3. ἐγένετο δὲ ἐν τῷ ἐγγίζειν αὐτὸν εἰς Ἰερειχώ, τυφλός τις ἐκάθητο [2] παρὰ τὴν ὁδὸν ἐπαιτῶν.
4. ἐγένετο δὲ Πέτρον διερχόμενον διὰ πάντων (*throughout all parts*) κατελθεῖν καὶ πρὸς τοὺς ἁγίους τοὺς κατοικοῦντας Λύδδα.
5. ἐγένετο δὲ ἐν ταῖς ἡμέραις ἐκείναις ἀσθενήσασαν αὐτὴν ἀποθανεῖν.
6. ἐγένετο δὲ ἡμέρας ἱκανὰς μεῖναι αὐτὸν ἐν Ἰόππῃ παρά τινι Σίμωνι βυρσεῖ.

[1] Note that there is no connecting word.

[2] κάθημαι (perfect form, present meaning), *I sit*. Past tense : ἐκαθήμην.

Translate into Greek :

1. And it came to pass, as he reclined [1] in the house, behold, many tax-gatherers and sinners came and reclined with Jesus and his disciples.
2. And it came to pass when Jesus finished commanding his disciples, he departed thence to teach [2] and preach in their cities.
3. And it came to pass that he was going on the Sabbath through the cornfields (διὰ τῶν σπορίμων), and his disciples began to make a way plucking the ears of corn (τοὺς στάχυας).

## VERBS OF FEARING

φοβοῦμαι, *I fear.* This is really the passive of φοβέω, *I frighten.* ὀκνέω, *I dread, shrink, hesitate* ; πτοέομαι, contracted πτοοῦμαι, *I am terrified* ; βλέπω, *I see, take heed, beware* ; προσέχω, *I beware.* Followed by :

(1) Direct accusative :

ἐφοβοῦντο γὰρ τὸν λαόν, *for they feared the people* (Luke 22[2]).

(2) Prolative infinitive :

ἐφοβήθη ἀπελθεῖν, *he feared to depart* (Matt. 2[22]).

μὴ ὀκνήσῃς διελθεῖν ἕως ἡμῶν, *do not hesitate to come right to us* (Acts 9[38]).

(3) μή (*lest*) and the subjunctive. *Lest not* is μὴ οὐ :

φοβοῦμαι μή πως εὕρω, *I fear lest by any means I should find* (2 Cor. 12[20]).

(4) Cognate accusative :

μὴ φοβούμενοι μηδεμίαν πτόησιν, *not fearing any terror* (1 Pet. 3[6] ; Prov. 3[25]).

(5) ἀπό and the genitive :

μὴ φοβηθῆτε ἀπὸ τῶν ἀποκτεινόντων τὸ σῶμα.
*Do not be afraid of those who kill the body* (Luke 12[4]).

προσέχετε ἀπὸ τῶν ψευδοπροφητῶν.
*Beware of false prophets* (Matt. 7[15]).

ὁρᾶτε βλέπετε ἀπὸ τῆς ζύμης τῶν Φαρισαίων.
*Take heed, beware of the leaven of the Pharisees* (Mark 8[15]).

[1] ἀνάκειμαι, *I recline for a meal.*
[2] Use the genitive of the articular infinitive.

βλέπετε ἀπὸ τῶν γραμματέων.
*Beware of the scribes* (Mark 12[38]).

(6) Of course verbs of fearing can be used absolutely :

ὅταν ἀκούσητε πολέμους . . . μὴ πτοηθῆτε.
*Whenever you hear of wars . . . do not be terrified* (Luke 21[9]).

EXERCISE 51

Translate into English :

1. ἀκούσας δὲ ὅτι Ἀρχέλαος βασιλεύει τῆς Ἰουδαίας ἀντὶ τοῦ πατρὸς αὐτοῦ Ἡρῴδου ἐφοβήθη ἐκεῖ ἀπελθεῖν.
2. ἰδόντες δὲ οἱ ὄχλοι ἐφοβήθησαν καὶ ἐδόξασαν τὸν Θεὸν τὸν δόντα ἐξουσίαν τοιαύτην [1] τοῖς ἀνθρώποις.
3. μὴ οὖν φοβηθῆτε αὐτούς· οὐδὲν γάρ ἐστιν κεκαλυμμένον ὃ οὐκ ἀποκαλυφθήσεται, καὶ κρυπτὸν ὃ οὐ γνωσθήσεται. ὃ λέγω ὑμῖν ἐν τῇ σκοτίᾳ, εἴπετε ἐν τῷ φωτί· καὶ ὃ εἰς τὸ οὖς ἀκούετε, κηρύξατε ἐπὶ τῶν δωμάτων. καὶ μὴ φοβεῖσθε ἀπὸ τῶν ἀποκτεινόντων τὸ σῶμα, τὴν δὲ ψυχὴν μὴ δυναμένων ἀποκτεῖναι· φοβεῖσθε δὲ μᾶλλον τὸν δυνάμενον καὶ ψυχὴν καὶ σῶμα ἀπολέσαι ἐν γεέννῃ.
4. τότε ἀπελθὼν ὁ στρατηγὸς σὺν τοῖς ὑπηρέταις ἦγεν αὐτούς, οὐ μετὰ βίας, ἐφοβοῦντο γὰρ τὸν λαόν, μὴ λιθασθῶσιν.
5. καὶ τίς ἐστιν ὁ κακώσων ὑμᾶς ἐὰν τοῦ ἀγαθοῦ ζηλωταὶ γένησθε; ἀλλ' εἰ καὶ πάσχοιτε διὰ δικαιοσύνην, μακάριοι ἔσεσθε. τὸν δὲ φόβον αὐτῶν μὴ φοβηθῆτε μηδὲ ταραχθῆτε, Κύριον δὲ τὸν Χριστὸν ἁγιάσατε ἐν ταῖς καρδίαις ὑμῶν.
6. μνήσθητε πῶς τὸ Πνεῦμα τὸ Ἅγιον διδάσκει ἡμᾶς ἐν ταῖς γραφαῖς ὅτι ὁ Θεὸς οὐκ εἴασε τοὺς μαθητὰς ἀθυμεῖν. ὁ γὰρ Κύριος ἐγερθεὶς ἐκ τῶν νεκρῶν περιεπάτει μετὰ δύο ἐξ αὐτῶν. ἐπορεύοντο γὰρ ἀπὸ Ἰερουσαλὴμ ἑξήκοντα σταδίους εἰς κώμην τινά, ᾗ ὄνομα ἦν Ἐμμαοῦς, καὶ αὐτὸς ὁ Ἰησοῦς ἐγγίσας συνεπορεύετο αὐτοῖς· οἱ δὲ ὀφθαλμοὶ αὐτῶν ἐκρατοῦντο τοῦ μὴ ἐπιγνῶναι αὐτόν. καὶ ἤγγισαν εἰς τὴν κώμην ὅποι ἐπορεύοντο, καὶ αὐτὸς ἤθελεν πορρώτερον πορεύεσθαι. καὶ παρεβιάσαντο αὐτὸν λέγοντες, Μεῖνον μεθ' ἡμῶν, ὅτι πρὸς ἑσπέραν ἐστὶν καὶ κέκλικεν ἤδη ἡ ἡμέρα. καὶ εἰσῆλθεν τοῦ μεῖναι σὺν αὐτοῖς, καὶ ἐγένετο

[1] Distinguish carefully between τοιοῦτος, τοιαύτη, τοιοῦτο, *such*, and οὗτος, αὕτη, τοῦτο, *this*.

*ἐν τῷ κατακλιθῆναι αὐτὸν μετ' αὐτῶν λαβὼν τὸν ἄρτον εὐλόγησεν καὶ κλάσας ἐπεδίδου αὐτοῖς· αὐτῶν δὲ διηνοίχθησαν οἱ ὀφθαλμοί, καὶ ἐπέγνωσαν αὐτόν· καὶ αὐτὸς ἄφαντος ἐγένετο ἀπ' αὐτῶν. καὶ εἶπον πρὸς ἀλλήλους,* Οὐχὶ *ἡ καρδία ἡμῶν καιομένη ἦν ἐν ἡμῖν, ὡς ἐλάλει ἡμῖν ἐν τῇ ὁδῷ, ὡς διήνοιγεν ἡμῖν τὰς γραφάς; καὶ ἀναστάντες ὑπέστρεψαν εἰς* Ἱερουσαλήμ, *καὶ εὗρον ἠθροισμένους τοὺς ἕνδεκα καὶ τοὺς σὺν αὐτοῖς, λέγοντας ὅτι ὄντως ἠγέρθη ὁ* Κύριος *καὶ ὤφθη* Σίμωνι. *καὶ αὐτοὶ ἐξηγοῦντο τὰ ἐν τῇ ὁδῷ καὶ ὡς ἐγνώσθη αὐτοῖς ἐν τῇ κλάσει τοῦ ἄρτου. ταῦτα δὲ αὐτῶν λαλούντων αὐτὸς ἔστη ἐν μέσῳ αὐτῶν. πτοηθέντες δὲ καὶ ἔμφοβοι γενόμενοι ἐδόκουν πνεῦμα θεωρεῖν, καὶ εἶπεν αὐτοῖς,* Τί *τεταραγμένοι ἐστέ, καὶ διὰ τί διαλογισμοὶ ἀναβαίνουσιν ἐν τῇ καρδίᾳ ὑμῶν;*

## PERIPHRASTIC TENSES

Periphrastic tenses, formed, as in English, of part of the verb 'to be' and a participle. Several instances have already occurred in the Exercises.

The periphrastic imperfect is formed of the imperfect of *εἶναι* and the present participle :

*καὶ ἦν προάγων αὐτοὺς ὁ* Ἰησοῦς.
*And Jesus was going before them* (Mark 10[32]).

The periphrastic perfect is formed of the present of *εἶναι* and the perfect participle :

*τί τεταραγμένοι ἐστέ;*
*Why have you been disturbed ? Why are you troubled ?* (Luke 24[38]).

The periphrastic pluperfect is formed of the imperfect of *εἶναι* and the perfect participle :

*καὶ ἦν ὁ* Ἰωάννης *ἐνδεδυμένος τρίχας καμήλου.*
*And John was clothed with camel's hair* (Mark 1[6]).

The periphrastic future is formed of the future of *εἶναι* and the present participle (a continuous future) :

*ἀπὸ τοῦ νῦν ἀνθρώπους ἔσῃ ζωγρῶν.*
*From henceforth thou shalt catch men* (Luke 5[10]).

EXERCISE 52

Further examples of periphrastic tenses : translate into English :

(a) ἦσαν δέ τινες τῶν γραμματέων ἐκεῖ καθήμενοι.
(b) πᾶν τὸ πλῆθος ἦν τοῦ λαοῦ προσευχόμενον.
(c) ἡ διακονία τῆς λειτουργίας ταύτης οὐ μόνον ἐστὶν προσαναπληροῦσα τὰ ὑστερήματα τῶν ἁγίων, ἀλλὰ καὶ περισσεύουσα διὰ πολλῶν εὐχαριστιῶν τῷ Θεῷ.
(d) ἀκούοντες ἦσαν (*they kept on hearing*) ὅτι, Ὁ διώκων ἡμᾶς ποτε νῦν εὐαγγελίζεται τὴν πίστιν ἥν ποτε ἐπόρθει.

## NUMERALS

| CARDINALS | ORDINALS (1ST AND 2ND DECL. ADJ.) | ADVERBS |
|---|---|---|
| εἷς, μία, ἕν, *one* | πρῶτος, -η, -ον, *first* | ἅπαξ, *once* |
| δύο, *two* | δεύτερος, -α, -ον | δίς |
| τρεῖς, τρία, *three* | τρίτος, -η, -ον | τρίς |
| τέσσαρες, τέσσαρα, *four* | τέταρτος, -η, -ον | τετράκις |
| πέντε, *five* | πέμπτος, -η, -ον | πεντάκις |
| ἕξ, *six* | ἕκτος, -η, -ον | ἑξάκις |
| ἑπτά, *seven* | ἕβδομος, -η, -ον | ἑπτάκις |
| ὀκτώ, *eight* | ὄγδοος, -η, -ον | ὀκτάκις |
| ἐννέα, *nine* | ἔνατος, -η, -ον | ἐνάκις |
| δέκα, *ten* | δέκατος, -η, -ον | δεκάκις |
| ἕνδεκα, *eleven* | ἑνδέκατος, -η, -ον | ἑνδεκάκις |
| δώδεκα or δεκαδύο, *twelve* | δωδέκατος, -η, -ον | δωδεκάκις |
| τρεῖς (τρία) καὶ δέκα, *thirteen* | τρίτος καὶ δέκατος | τρισκαιδεκάκις |
| δεκατέσσαρες, -α, *fourteen* | τεσσαρεσκαιδέκατος | τεσσαρεσκαιδεκάκις |
| δεκαπέντε, *fifteen* | πεντεκαίδεκατος | πεντεκαιδεκάκις |
| δέκα ἕξ, *sixteen* | ἕκτος καὶ δέκατος | ἑκκαιδεκάκις |
| ἑπτακαίδεκα, *seventeen* | ἕβδομος καὶ δέκατος | ἑπτακαιδεκάκις |
| δέκα ὄκτω or δέκα καὶ ὄκτω, *eighteen* | ὄγδοος καὶ δέκατος | ὀκτωκαιδεκάκις |
| ἐννεακαίδεκα, *nineteen* | ἔνατος καὶ δέκατος | ἐννεακαιδεκάκις |
| εἴκοσι, *twenty* | εἰκοστός | εἰκοσάκις |
| τριάκοντα, *thirty* | τριακοστός | τριακοντάκις |

| | | |
|---|---|---|
| τεσσαράκοντα or τεσσεράκοντα, *forty* | τεσσαρακοστός | τεσσαρακοντάκις |
| πεντήκοντα, *fifty* | πεντηκοστός | πεντηκοντάκις |
| ἑξήκοντα, *sixty* | ἑξηκοστός | ἑξηκοντάκις |
| ἑβδομήκοντα, *seventy* | ἑβδομηκοστός | ἑβδομηκοντάκις |
| ὀγδοήκοντα, *eighty* | ὀγδοηκοστός | ὀγδοηκοντάκις |
| ἐνενήκοντα, *ninety* | ἐνενηκοστός | ἐνενηκοντάκις |
| ἑκατόν, *one hundred* | ἑκατοστός | ἑκατοντάκις |

CARDINALS

| | |
|---|---|
| 200 | διακόσιοι, -αι, -α |
| 300 | τριακόσιοι, -αι, -α |
| 400 | τετρακόσιοι, -αι, -α |
| 500 | πεντακόσιοι, -αι, -α |
| 600 | ἑξακόσιοι, -αι, -α |
| 700 | ἑπτακόσιοι, -αι, -α |
| 800 | ὀκτακόσιοι, -αι, -α |
| 900 | ἐνακόσιοι, -αι, -α |
| 1000 | χίλιοι, -αι, -α |
| 2000 | δισχίλιοι, -αι, -α |
| 3000 | τρισχίλιοι, -αι, -α |
| 4000 | τετρακισχίλιοι, -αι, -α |
| 5000 | πεντακισχίλιοι, -αι, -α or χιλιάδες πέντε |
| 6000 | ἑξακισχίλιοι, -αι, -α |
| 7000 | ἑπτακισχίλιοι, -αι, -α or χιλιάδες ἑπτά |
| 10,000 | μύριοι, -αι, -α or δέκα χιλιάδες |
| 12,000 | δώδεκα χιλιάδες |
| 20,000 | εἴκοσι χιλιάδες |
| 50,000 | μυριάδες πέντε |
| 100,000,000 | μυριάδες μυριάδων |

## EXERCISE 53

Translate into English:

1. ἀκούσας δὲ ὁ Ἰησοῦς ἀνεχώρησεν ἐκεῖθεν ἐν πλοίῳ εἰς ἔρημον τόπον κατ' ἰδίαν· καὶ ἀκούσαντες οἱ ὄχλοι ἠκολούθησαν αὐτῷ

πεζῇ ἀπὸ τῶν πόλεων. καὶ ἐξελθὼν εἶδεν πολὺν ὄχλον, καὶ ἐσπλαγχνίσθη ἐπ' αὐτοῖς καὶ ἐθεράπευσεν τοὺς ἀρρώστους αὐτῶν. ὀψίας δὲ γενομένης προσῆλθον αὐτῷ οἱ μαθηταὶ λέγοντες, Ἔρημός ἐστιν ὁ τόπος καὶ ἡ ὥρα ἤδη παρῆλθεν· ἀπόλυσον οὖν τοὺς ὄχλους, ἵνα ἀπελθόντες εἰς τὰς κώμας ἀγοράσωσιν ἑαυτοῖς βρώματα. ὁ δὲ Ἰησοῦς εἶπεν αὐτοῖς, Οὐ χρείαν ἔχουσιν ἀπελθεῖν· δότε αὐτοῖς ὑμεῖς φαγεῖν. οἱ δὲ λέγουσιν αὐτῷ, οὐκ ἔχομεν ὧδε εἰ μὴ πέντε ἄρτους καὶ δύο ἰχθύας.

2. καὶ ἔφαγον πάντες καὶ ἐχορτάσθησαν· καὶ ἦραν τὸ περισσεῦον τῶν κλασμάτων δώδεκα κοφίνους πλήρεις. οἱ δὲ ἐσθίοντες ἦσαν ἄνδρες ὡσεὶ πεντακισχίλιοι χωρὶς γυναικῶν καὶ παιδίων.
3. ὑπὸ Ἰουδαίων πεντάκις τεσσεράκοντα παρὰ μίαν πληγὰς ἔλαβον, τρὶς ἐρραβδίσθην, ἅπαξ ἐλιθάσθην, τρὶς ἐναυάγησα.
4. δύο χρεοφειλέται ἦσαν δανειστῇ τινι· ὁ εἷς ὤφειλεν δηνάρια πεντακόσια, ὁ δὲ ἕτερος πεντήκοντα.
5. καὶ ἐν τῷ συνπληροῦσθαι τὴν ἡμέραν τῆς Πεντηκοστῆς (*Pentecost*) ἦσαν πάντες ὁμοῦ ἐπὶ τὸ αὐτό.

Translate into Greek :

1. Then he goes and takes with him seven other spirits more evil than himself.
2. Yesterday at the seventh hour the fever left him.
3. The seventy returned with joy. Some of the writers say that seventy-two returned.
4. Then Peter came and said to him, Lord, how often shall my brother sin against me and I shall forgive him? Until seven times? Jesus says to him, I say not unto you until seven times, but unto seventy times seven.
5. Some say that the number of the beast was 666. Others say that it was 616.

## PREPOSITIONS

1. Those taking one case only :

ἀνά, *up*, with the accusative. Frequent in compound verbs, rare before a noun.

εἰς, *into*, *against*, sometimes *in*, sometimes *on to*, with the accusative.

ἀντί, *over against*, *instead of*, *in exchange for*, with the genitive.

ἀπό, *away from* (from the exterior), with the genitive.

ἐκ, *out of* (from the interior), with the genitive.

*πρό*, *in front of*, *before* of time or place, with the genitive.
*ἐν*, *in* of time or place, *among*, *by* (instrumental), with the dative.

N.B. : With the dative of the articular infinitive it means *while*

*σύν*, *together with*, with the dative.

2. Those taking two cases :

*διὰ*, *on account of*, *because of*, with the accusative.
*through*, *throughout*, *by means of*, with the genitive.

*κατά*, *according to*, *down along*, *during*, *with regard to*, with the accusative.
*against*, *down from*, with the genitive.

*μετά*, *after*, with the accusative..
*in company with*, with the genitive.

*περί*, *around*, of place or time, with the accusative.
*concerning*, with the genitive.

*ὑπέρ*, *above*, *beyond*, with the accusative.
*on behalf of*, with the genitive.

*ὑπό*, *under*, with the accusative.
*by* (Agent), with the genitive, e.g. :

> *ἐτραυματίσθη ὑπὸ τῶν στρατιωτῶν.*
> *He was wounded by the soldiers.*
> *ἐπάθομεν πολλὰ ὑπ' αὐτῶν.*
> *We suffered many things at their hands.*
> *ὑπὸ 'Ιουδαίων πληγὰς ἔλαβον.*
> *I received stripes at the hands of the Jews.*

3. Those taking three cases :

*ἐπί* (motion) *upon*, *(placed) upon*, *up to*, *as far as*, *against*, with the accusative.
(rest) *upon*, *in the presence of*, *in the time of*, with the genitive.
(rest) *upon*, *at*, *in addition to*, with the dative.

*παρά*, *beside*, *beyond*, *contrary to*, with the accusative.
*from along side of*, *from* (of persons), with the genitive.
*near*, *at the house of* (generally of persons), with the dative.

*πρός*, *towards*, *up to*, *in reference to*, *with regard to*, with the accusative.
*in the interest of* (very rare in N.T.), with the genitive (Acts $27^{34}$).
*at*, *close to*, with the dative.

Prepositions compounded with verbs :

ἀποστέλλω, *I send away* ; συνάγω, *I drive together, gather together* ; ἀντιπαρέρχομαι, *I pass by opposite to* ; ἀνέρχομαι, *I go up* ; ἀπέρχομαι, *I go away* ; διέρχομαι, *I go through* ; εἰσέρχομαι, *I go into, I enter* ; ἐξέρχομαι, *I come out of* ; ἐπέρχομαι, *I come upon* ; παρέρχομαι, *I go by the side of* ; προσέρχομαι, *I go towards* ; συνέρχομαι, *I go with* ; ἐμβαίνω (aor. ἐνέβην), *I go in* ; προβαίνω, *I go before* ; ἀντιλέγω, *I speak against, I contradict* ; ὑπερέχω, *I excel* ; ὑπομένω, *I endure* ; ἀποκαλύπτω, *I reveal* ; ἐπιστρέφω, *I turn towards, I return, I repent* ; ἐπικαλέομαι, *I call upon* ; ἐπικαλέω, *I surname* ; προσκαλέομαι, *I call to myself* ; προσκυνέω, *I worship* (lit. : *I kiss my hand to*) ; προσεύχομαι, *I pray to* ; ἀναβλέπω, *I look up* or *I see again, I receive my sight* ; ἀναπίπτω, *I recline* ; μεταβαίνω, *I pass from one place to another* ; μεθίστημι, *I transplant, I make to migrate* : μετέστησεν ἡμᾶς εἰς τὴν βασιλείαν, *translated us, brought us away into* [1] ; συνίστημι, *I cause to stand together* : τὰ πάντα ἐν αὐτῷ συνέστηκεν, *in Him the whole universe coheres* [2] ; ἀνίστημι, *I cause to stand up* (intrans. tenses : *I stand up, rise,* etc.) ; παρακούω, *I disobey* , lit. : *I hear amiss* (with genitive); *I overhear,* lit. : *I hear alongside* (with accusative), κτλ.

EXERCISE 54

Translate into English :

1. τὸν μὲν πρῶτον λόγον (*the former treatise*) ἐποιησάμην περὶ πάντων, ὦ Θεόφιλε, ὧν ἤρξατο ὁ Ἰησοῦς ποιεῖν τε καὶ διδάσκειν, ἄχρι ἧς ἡμέρας ἐντειλάμενος τοῖς ἀποστόλοις διὰ Πνεύματος Ἁγίου οὓς ἐξελέξατο ἀνελήμφθη· οἷς καὶ παρέστησεν ἑαυτὸν ζῶντα μετὰ τὸ παθεῖν αὐτὸν ἐν πολλοῖς τεκμηρίοις, δι' ἡμερῶν τεσσεράκοντα ὀπτανόμενος αὐτοῖς καὶ λέγων τὰ περὶ τῆς βασιλείας τοῦ Θεοῦ.
2. τότε ὑπέστρεψαν εἰς Ἱερουσαλὴμ ἀπὸ ὄρους τοῦ καλουμένου Ἐλαιῶνος, ὅ ἐστιν ἐγγὺς Ἱερουσαλὴμ σαββάτου ἔχον ὁδόν.
3. διοδεύσαντες δὲ τὴν Ἀμφίπολιν καὶ τὴν Ἀπολλωνίαν ἦλθον εἰς Θεσσαλονίκην ὅπου ἦν συναγωγὴ τῶν Ἰουδαίων. κατὰ δὲ τὸ εἰωθὸς τῷ Παύλῳ (*according to that which was customary for Paul*) εἰσῆλθεν πρὸς αὐτούς, καὶ ἐπὶ σάββατα τρία διελέξατο

[1] Col. 1.13. [2] Col. 1.17.

αὐτοῖς ἀπὸ τῶν γραφῶν, διανοίγων καὶ παρατιθέμενος [1] ὅτι τὸν Χριστὸν ἔδει παθεῖν καὶ ἀναστῆναι ἐκ νεκρῶν.

4. ἰδὼν δὲ τοὺς ὄχλους ἀνέβη εἰς τὸ ὄρος. καὶ καθίσαντος αὐτοῦ προσῆλθον αὐτῷ οἱ μαθηταὶ αὐτοῦ.
5. μακάριοί ἐστε ὅταν ὀνειδίσωσιν ὑμᾶς καὶ διώξωσιν καὶ εἴπωσιν πᾶν πονηρὸν καθ' ὑμῶν ψευδόμενοι ἕνεκεν ἐμοῦ. χαίρετε καὶ ἀγαλλιᾶσθε, ὅτι ὁ μισθὸς ὑμῶν πολὺς ἐν τοῖς οὐρανοῖς· οὕτως γὰρ ἐδίωξαν τοὺς προφήτας τοὺς πρὸ ὑμῶν.

Translate into Greek :

1. They placed the lamp on the table.
2. Behold, I stand at the door and knock.
3. They marvelled at his wisdom.
4. A city set on a hill cannot be hid.
5. They do not light a lamp and put it under the bushel, but on the lamp-stand.
6. Upon this rock I will build my Church.
7. Do not work against the laws of God.
8. This happened in order that all things might be fulfilled according to the scriptures.
9. Write me a letter about peace.
10. Come with me into the temple.

## WORDS OF THE SAME SPELLING, BUT DIFFERING IN ACCENTS, OR BREATHINGS [2]

ἁγία nom. sing. fem. of ἅγιος, *holy*. ἅγια nom., voc., acc. plur. neuter of ἅγιος.

ἄγων nom. masc. sing. pres. participle active of ἄγω, *I lead*. ἀγών (ὁ), gen. ἀγῶνος, *contest*.

ἀλλά conjunction, *but*. ἄλλα nom. and acc. neuter plural of adj. ἄλλος, -η, -ο, *other*.

ἄρα particle, *well then*. ἆρα; interrogative particle. ἀρά (ἡ), gen. ἀρᾶς, *curse*.

αὐτή nom. fem. sing. of pronoun αὐτός, -ή, -ό, *he, she, it*. αὕτη nom. fem. sing. of οὗτος, αὕτη, τοῦτο, *this*.

[1] *expounding texts and applying them to show that.*

[2] I am indebted for this list to *New Testament Greek*, by E. G. Jay (S.P.C.K.), pp. 278-9, by kind permission of author and publishers.

*αὐταί* nom. fem. plur. of *αὐτός*.  *αὗται* nom. fem. plur. of *οὗτος*.

*δώῃ* third pers. sing. aor. subj. act. of *δίδωμι*, *I give*.  *δῴη* third pers. sing. aor. opt. act. of *δίδωμι*.

*εἰ* conjunction, *if* (also introduces a question).  *εἶ* second pers. sing. pres. indic. of *εἰμί*, *I am*.

*εἶπε* third pers. sing. aor. indic. act., *he said*.  *εἰπέ* second pers. sing. aor. imperative active, *say*.

*εἰς* preposition, *into*.  *εἷς* masc. nom. of adj. *εἷς*, *μία*, *ἕν*, *one*.

*ἔξω* adverb, *outside*.  *ἕξω* first pers. sing. fut. indic. active of *ἔχω*, *I have*.

*ἐν* preposition, *in*.  *ἕν* nom. and acc. neut. of *εἷς*, *one*.

*ἡ* nom. fem. sing. of the article *ὁ*, *the*.  *ἥ* nom. fem. sing. of the relative pronoun *ὅς*, *ἥ*, *ὅ*, *who*, etc.

*ἤ* conjunction, *or*, *than*.  *ᾖ* third pers. sing. pres. subjunctive of *εἰμί*, *I am*.

*ᾗ* dative fem. sing. of the relative pronoun *ὅς*, *who*.

*ἦν* third pers. sing. imperf. indic. of *εἰμί*, *I am*.  *ἤν* another form of *ἐάν*, *if*.

*ἥν* acc. fem. sing. of the relative pronoun *ὅς*, *who*.

*ὁ* nom. sing. masc. of the article, *the*.  *ὅ* nom. and acc. neuter sing. of the relative pronoun *ὅς*.

*ὄν* nom. and acc. neut. sing. pres. participle of *εἰμί*, *I am*.  *ὅν* acc. sing. masc. of *ὅς*.

*οὐ* negative particle, *not*.  *οὗ* gen. masc. sing. of *ὅς*.

*πόσιν* acc. sing. of third decl. noun *πόσις* (*ἡ*) (gen. *πόσεως*), *drinking*.

*ποσίν* dat. plur. of third decl. noun *πούς* (*ὁ*) (gen. *ποδός*), *foot*.

*πότε;* interrogative adverb, *when?*  *ποτέ*, indefinite particle, *at some time*, *at any time*.

*ποῦ;* interrogative adverb, *where?*  *που* indefinite particle, *somewhere*, *anywhere*.

*πῶς;* interrogative adverb, *how?*  *πως* indefinite particle, *somehow*, *anyhow*.

*ταῦτα* nom. and acc. neut. plur. of *οὗτος*.  *ταὐτά* contracted form of *τὰ αὐτά*, *the same things*.

*τίς; τί;* interrogative pronoun, *who? what?* (also *τί; why?*).  *τις*, *τι* indefin. pron., *someone*, *something*, etc.

*φίλων* gen. masc. fem. and neut. plur. of *φίλος*, *friendly*.  *φιλῶν* nom. masc. sing. pres. part. act. of *φιλῶ*, *I love*.

*χειρῶν* gen. plur. of *χείρ*, *hand*.  *χείρων* comparative adj., *worse*.

ὦ first pers. sing. subjunctive of εἰμί, *I am*. ᾧ dat. masc. and neut. sing. of ὅς.

ὤν nom. masc. sing. pres. participle of εἰμί, *I am*. ὧν gen. masc. fem. neut. plur. of ὅς.

λῦσαι aor. infin. act. of λύω, *I loose*. λύσαι second pers. sing. aor. imperative middle of λύω.

τιμᾷ third pers. sing. pres. indic. act. of τιμάω, *I honour*. τίμα second pers. sing. pres. imperative active.

φιλεῖ third pers. sing. pres. indic. act. of φιλέω, *I love*. φίλει second pers. sing. pres. imperative active.

δηλοῦ third pers. sing. pres. indic. act. of δηλόω, *I show*. δήλου second pers. sing. pres. imperative active.

μένω, *I remain*. μενῶ, *I shall remain*, etc. κρίνει, *he judges*. κρινεῖ, *he will judge*, etc.

EXERCISE 55

Translate into English :

εἶπεν ὁ Πέτρος τῷ Μάρκῳ, Εἰπέ μοι, τίς ἀπέκτεινε τοῦτον; ἀποκριθεὶς δὲ ὁ Μάρκος εἶπε· Κλέπτης τις τοῦτο ἐποίησεν. ὁ δὲ ἐπηρώτησεν αὐτὸν λέγων, Ποῦ εὗρε τὴν μάχαιραν ᾗ ἐφόνευσεν αὐτόν; ὁ δὲ ἀπεκρίθη, Νομίζω ὅτι εὗρεν αὐτήν που ἐν τῷ στρατοπέδῳ. ὁ δὲ Πέτρος ὀργισθεὶς ἀπεκρίνατο, Τίς κρινεῖ αὐτὸν καὶ κολάσει; ὁ δὲ Μάρκος δακρύων ἐβόησεν, Ὁ Θεὸς ἤδη κρίνει αὐτόν, πονηρὸν ὄντα. ὃς δ' ἂν μετανοήσῃ καὶ πιστεύσῃ εἰς τὸν Χριστὸν εὐθὺς [1] σωθήσεται, καὶ ὁ κανὼν τοῦ βίου τοῦ ἀνθρώπου τοῦ πιστεύοντος εὐθὺς [2] γενήσεται. ὦ μαθηταί, φάνητε [3] πραεῖς ἵνα πτωχοὶ τῷ πνεύματι φανῆτε.

## SEMITISMS

(MORE ACCURATELY ' SEMITICISMS ')

The ' common ' (κοινή) language in which the New Testament was written was greatly influenced by the Septuagint translation of the Hebrew Old Testament into Greek, which inevitably reflected some

[1] Adverb, *immediately* = εὐθέως.

[2] Adjective, εὐθύς, εὐθεῖα, εὐθύ, *straight*.

[3] Distinguish φάνητε, second pl. second aor. imper. pass. from φανῆτε, second pl. second aor. subj. pass. Similarly distinguish λύθητε from λυθῆτε.

Hebrew idioms, and also by the Aramaic which was spoken by the Jews in Palestine (though, of course, educated Jews and the Jews of 'Galilee of the Gentiles', where there was a large Greek-speaking population, could speak and read Greek as well). Semitic (i.e. Hebrew and Aramaic) influence can therefore be seen in the Greek of the New Testament.

1. *Parataxis* (from *παρατάσσω, I set side by side*). Main verbs placed side by side, where classical Greek would use participles and subordinate clauses, e.g. :

*καὶ ἐξεπορεύετο πρὸς αὐτὸν πᾶσα ἡ Ἰουδαία χώρα καὶ οἱ Ἱεροσολυμεῖται πάντες, καὶ ἐβαπτίζοντο ὑπ' αὐτοῦ.* Translate this example.

2. *καὶ ἐγένετο, and it came to pass,* followed by another main verb. (See above, p. 108.)

3. *προστίθημι* (*I add*) expressing repetition. Translate by 'another' or 'again':

*προσθεὶς εἶπεν παραβολήν.* Translate.
*καὶ προσέθετο ἕτερον πέμψαι δοῦλον.* Translate.

4. The future indicative expressing command or prohibition as in the Decalogue:

*οὐ κλέψεις.* Translate.

5. Verb and cognate noun expressing emphasis. Translate by 'greatly'.

*ἐπιθυμίᾳ ἐπεθύμησα.* Translate.

6. Redundant pronoun after a relative pronoun. Untranslatable in English.

*ἔρχεται ὁ ἰσχυρότερός μου . . . οὗ οὐκ εἰμὶ ἱκανὸς κύψας λῦσαι τὸν ἱμάντα τῶν ὑποδημάτων αὐτοῦ.* Translate.

7. *εἰ* introducing a clause of strong denial :

*ἀμὴν λέγει ὑμῖν, εἰ δοθήσεται τῇ γενεᾷ ταύτῃ σημεῖον.* Translate.

8. Phrases like *δύο δύο, two by two.*

9. *ἐν* with the dative (instrumental) :

*ἐν μαχαίρᾳ, with a sword.*

## SUPPLEMENTARY EXERCISES

PARTICIPLES — Use Young's *Analytical Concordance*, if necessary

Translate into Greek :

1. Having taught their children, the mothers used to place their hands upon their heads in order to bless them.
2. The workmen who built the house were walking about in the the field.
3. The women were sitting in the synagogue reading the scriptures.
4. And when the chief priests and the Pharisees had heard his parables they perceived that he spake concerning them.
5. He cast out all who sold and bought in the temple.
6. While we remained in the city, the apostles departed into the villages.
7. She sinned because she did not know the truth.
8. Although she is my sister, I have never seen her.
9. We have been persuaded that the Son of God came into the world to save sinners.
10. While the bridegroom delayed, all the virgins slept.
11. As they were going away to buy oil, the bridegroom came.
12. Wives, be subject to your own husbands, in order that ye may please God.
13. Let us preach the gospel to those who are perishing ; for thus we shall obey Him who taught us concerning the love of God.
14. Knowing well that he had saved them, they praised God with one accord.
15. We were sent by the bishops to teach the ignorant.
16. You must try to persuade the unbelievers.
17. Having learned how the city was captured by the Greeks, we sent messengers to ask if the women and children had been saved.

PREPOSITIONS

Translate into Greek :

1. The judges came down from the mountain, carrying the branches of trees in their hands.
2. The heavy stone fell on to the broad road of the city.
3. He did all things according to the law of Moses, but contrary to the law of Herod.

4. Day by day he taught the disciples privately about the truth.
5. In due season the Lord of glory will come down from heaven, sitting upon the clouds.
6. We saw in a dream the slave lighting a lamp in the house.
7. He came by night to flee from the wrath of the king.
8. In the time of the prophets the kings of Israel sat upon their thrones.
9. The footstools were placed under the table by the maiden.
10. The Son of Man gave himself on our behalf that we might be saved from sin.
11. We entered into the temple to teach the children about peace.
12. With God all things are possible, but not with men.
13. The Saviour told the high-priest that he would see heaven opened and the Son of Man descending in glory.
14. After eleven days we shall find multitudes coming together and eating with the Gentiles.
15. On account of this commandment, he would not walk through the fields on the Sabbath.
16. Let us run by the sea-side.

NUMERALS

Translate into Greek :

1. The first boy who came into the house was seized by the robbers.
2. On the fifth day of the week the man's second wife hid the leaven, putting it into three measures of meal.
3. Of all the fruits which you shall receive, you must give a tenth unto God.
4. The Lord was raised from the dead on the third day, and appeared to the eleven disciples.
5. On the fourth day of the month, at the eleventh hour, messengers came from the king to announce that all the prisoners would be pardoned.
6. After the seventh commandment you will read the eighth. Having learned this commandment you will know that you must never steal. For he who steals his neighbour's money is guilty of covetousness and is an enemy of God, who is who is found fighting against the Lord. Flee from such a man lest you also fall into sin and cause your brother to stumble.

Necessary Accents

Translate into Greek :

1. How can a man be born when he is old?
2. We have seen the man who once was blind.
3. When did we see thee sick?
4. He asked us where he could find the judge's book.
5. We are afraid lest we may fall somewhere.
6. They want to know who killed whom.
7. There was a certain prophet sent by God to call the people to repentance.
8. Once upon a time a certain woman came to Jesus to ask him for bread.
9. We have found a certain letter which was written by Paul to his friends.
10. May no-one ever eat fruit from this tree.
11. If you ever come to see me, I will receive you into my house.
12. Pray that ye enter not into temptation, lest the devil ever lead you into destruction.
13. You will remain in the faith which was handed down to you by our fathers.
14. God will judge the world on the last day when we shall all appear before him.
15. He is remaining upon the throne and is judging all the nations.
16. Where did he come from? And where is he going to?
17. We know that he started to walk from Athens yesterday, but we cannot tell where he is today or where he will go to tomorrow.
18. If thou art the Son of God, cast thyself down.

# EXTRACTS FROM EARLY WRITINGS

## A Short Sketch of Hebrew Prophecy and the LXX Translation

*Ἄνθρωποι οὖν τινες ἐν Ἰουδαίοις γεγένηνται Θεοῦ προφῆται, δι' ὧν τὸ προφητικὸν Πνεῦμα προεκήρυξε τὰ γενήσεσθαι μέλλοντα πρὶν ἢ γενέσθαι· καὶ τούτων οἱ ἐν Ἰουδαίοις κατὰ καιροὺς γενόμενοι βασιλεῖς τὰς προφητείας, ὡς ἐλέχθησαν ὅτε προεφητεύοντο, τῇ ἰδίᾳ* αὐτῶν Ἑβραΐδι φωνῇ ἐν βιβλίοις ὑπ' αὐτῶν τῶν προφητῶν συντεταγμένας κτώμενοι περιεῖπον.[1] ὅτε δὲ Πτολεμαῖος, ὁ Αἰγυπτίων βασιλεύς, βιβλιοθήκην κατεσκεύαζε καὶ τὰ πάντων ἀνθρώπων συγγράμματα συνάγειν ἐπειράθη, πυθόμενος καὶ περὶ τῶν προφητειῶν τούτων, προσέπεμψε τῷ τῶν Ἰουδαίων τότε βασιλεύοντι Ἡρώδῃ ἀξιῶν διαπεμφθῆναι αὐτῷ τὰς βίβλους τῶν προφητειῶν. καὶ ὁ μὲν βασιλεὺς Ἡρώδης τῇ προειρημένῃ Ἑβραΐδι αὐτῶν φωνῇ γεγραμμένας διεπέμψατο. ἐπειδὴ δὲ οὐκ ἦν γνώριμα τὰ ἐν αὐταῖς γεγραμμένα τοῖς Αἰγυπτίοις, πάλιν αὐτὸν ἠξίωσε πέμψας τοὺς μεταβαλοῦντας αὐτὰς εἰς τὴν Ἑλλάδα φωνὴν ἀνθρώπους ἀποστεῖλαι. καὶ τούτου γενομένου ἔμειναν αἱ βίβλοι καὶ παρ' Αἰγυπτίοις μέχρι τοῦ δεῦρο, καὶ πανταχοῦ παρὰ πᾶσίν εἰσιν Ἰουδαίοις, οἳ καὶ ἀναγινώσκοντες οὐ συνιᾶσι τὰ εἰρημένα, ἀλλ' ἐχθροὺς ἡμᾶς καὶ πολεμίους ἡγοῦνται, ὁμοίως ὑμῖν ἀναιροῦντες καὶ κολάζοντες ἡμᾶς ὁπόταν δύνωνται, ὡς καὶ πεισθῆναι δύνασθε.

Justin Martyr

## Tobit's Instructions to Tobias

καὶ καλέσας αὐτὸν εἶπεν, Παιδίον, ἐὰν ἀποθάνω θάψον με, καὶ μὴ ὑπερίδῃς τὴν μητέρα σου· τίμα αὐτὴν πάσας τὰς ἡμέρας τῆς ζωῆς σου, καὶ ποίει τὸ ἀρεστὸν αὐτῇ καὶ μὴ λυπήσῃς αὐτήν. μνήσθητι, παιδίον, ὅτι πολλοὺς κινδύνους ἑώρακεν ἐπί σοι ἐν τῇ κοιλίᾳ. ὅταν ἀποθάνῃ, θάψον αὐτὴν παρ' ἐμοὶ ἐν ἑνὶ τάφῳ. πάσας τὰς ἡμέρας, παιδίον, Κυρίου τοῦ Θεοῦ ἡμῶν μνημόνευε· μὴ θελήσῃς παραβῆναι τὰς ἐντολὰς αὐτοῦ. δικαιοσύνην ποίει πάσας τὰς ἡμέρας τῆς ζωῆς σου, καὶ μὴ πορευθῇς ταῖς ὁδοῖς τῆς ἀδικίας. διότι ποιοῦντός σου τὴν ἀλήθειαν εὐοδίαι ἔσονται ἐν τοῖς ἔργοις σου καὶ πᾶσι τοῖς ποιοῦσι τὴν δικαιοσύνην. ἐκ τῶν ὑπαρχόντων σοι ποίει ἐλεημοσύνην, καὶ μὴ φθονησάτω σου ὁ ὀφθαλμὸς ἐν τῷ ποιεῖν σε ἐλεημοσύνην· καὶ μὴ ἀποστρέψῃς τὸ πρόσωπόν σου ἀπὸ παντὸς πτωχοῦ, καὶ ἀπὸ σοῦ οὐ μὴ ἀποστραφῇ τὸ πρόσωπον τοῦ Θεοῦ. ὡς σοι ὑπάρχει κατὰ τὸ πλῆθος, ποίησον ἐξ αὐτῶν ἐλεημοσύνην· ἐὰν ὀλίγον σοι ὑπάρχῃ, κατὰ τὸ ὀλίγον μὴ φοβοῦ ποιεῖν ἐλεημοσύνην. θέμα γὰρ ἀγαθὸν θησαυρίζεις σεαυτῷ εἰς ἡμέραν ἀνάγκης. διότι ἐλεημοσύνη ἐκ θανάτου ῥύεται, καὶ οὐκ ἐάσει ἐλθεῖν εἰς τὸ σκότος. δῶρον γὰρ ἀγαθόν ἐστιν ἐλεημοσύνη πᾶσι τοῖς ποιοῦσιν αὐτὴν ἐνώπιον τοῦ ὑψίστου. πρόσεχε σεαυτῷ, παιδίον, ἀπὸ πάσης πορνείας,

[1] *treated with great heed* from περιέπω.

καὶ γυναῖκα πρῶτον λάβε ἀπὸ τοῦ σπέρματος τῶν πατέρων σου· μὴ λάβῃς γυναῖκα ἀλλοτρίαν ἣ οὔκ ἐστιν ἐκ τῆς φυλῆς τοῦ πατρός σου, διότι υἱοὶ προφητῶν ἐσμεν.

## A Christian Exhortation

ὁ Χριστὸς τῇ μὲν ἁμαρτίᾳ ἀπέθανεν ἅπαξ, ζῇ δὲ τῷ Θεῷ. τίς γὰρ χρεία δεσμῶν, Χριστοῦ μὴ ἀποθανόντος; τίς χρεία ὑπομονῆς; τί δήποτε Πέτρος μὲν ἐσταυροῦτο, Παῦλος δὲ καὶ Ἰάκωβος μαχαίρᾳ ἐτέμνοντο; ἀλλ' οὐδὲν τούτων εἰκῇ· ἀληθείᾳ γὰρ ἐσταυρώθη ὁ Κύριος ὑπὸ τῶν δυσσεβῶν. καὶ οὗτος ὁ γεννηθεὶς ἐκ γυναικὸς υἱός ἐστιν τοῦ Θεοῦ, καὶ ὁ σταυρωθεὶς πρωτότοκος πάσης κτίσεως καὶ Θεὸς λόγος, καὶ αὐτὸς ἐποίησεν τὰ πάντα. λέγει γὰρ ὁ ἀπόστολος, Εἷς Θεὸς ὁ πατήρ, ἐξ οὗ τὰ πάντα, καὶ εἷς Κύριος Ἰησοῦς Χριστός, δι' οὗ τὰ πάντα· καὶ πάλιν, Εἷς γὰρ Θεὸς καὶ εἷς μεσίτης Θεοῦ καὶ ἀνθρώπων ἄνθρωπος Ἰησοῦς Χριστός· καὶ ἐν αὐτῷ ἐκτίσθη τὰ πάντα ἐν οὐρανῷ καὶ ἐπὶ γῆς, ὁρατὰ καὶ ἀόρατα· καὶ αὐτός ἐστιν πρὸ πάντων, καὶ τὰ πάντα ἐν αὐτῷ συνέστηκεν. καὶ ὅτι οὐκ αὐτός ἐστιν ὁ ἐπὶ πάντων Θεὸς ἀλλ' υἱὸς ἐκείνου, λέγει, Ἀναβαίνω πρὸς τὸν πατέρα μου καὶ πατέρα ὑμῶν καὶ θεόν μου καὶ θεὸν ὑμῶν. καὶ ὅταν ὑποταγῇ αὐτῷ τὰ πάντα, τότε καὶ αὐτὸς ὑποταγήσεται τῷ ὑποτάξαντι αὐτῷ τὰ πάντα, ἵνα ᾖ ὁ Θεὸς τὰ πάντα ἐν πᾶσιν. ἕτερος οὖν ἐστιν ὁ ὑποτάξας καὶ ὢν τὰ πάντα ἐν πᾶσιν, καὶ ἕτερος ᾧ ὑπετάγη, ὃς καὶ μετὰ πάντων ὑποτάσσεται.

## Justin on the Teaching of Jesus

εἰς δὲ τὸ κοινωνεῖν τοῖς δεομένοις καὶ μηδὲν πρὸς δόξαν ποιεῖν ταῦτα ἔφη· Παντὶ τῷ αἰτοῦντι δίδοτε καὶ τὸν βουλόμενον δανείσασθαι μὴ ἀποστραφῆτε. εἰ γὰρ δανείζετε παρ' ὧν ἐλπίζετε λαβεῖν, τί καινὸν ποιεῖτε; τοῦτο καὶ οἱ τελῶναι ποιοῦσιν. ὑμεῖς δὲ μὴ θησαυρίζετε ἑαυτοῖς ἐπὶ τῆς γῆς, ὅπου σὴς καὶ βρῶσις ἀφανίζει καὶ λῃσταὶ διορύσσουσι· θησαυρίζετε δὲ ἑαυτοῖς ἐν τοῖς οὐρανοῖς, ὅπου οὔτε σὴς οὔτε βρῶσις ἀφανίζει. τί γὰρ ὠφελεῖται ἄνθρωπος, ἂν τὸν κόσμον ὅλον κερδήσῃ, τὴν δὲ ψυχὴν αὐτοῦ ἀπολέσῃ; ἢ τί δώσει αὐτῆς ἀντάλλαγμα; θησαυρίζετε οὖν ἐν τοῖς οὐρανοῖς, ὅπου οὔτε σὴς οὔτε βρῶσις ἀφανίζει. καί· Γίνεσθε δὲ χρηστοὶ καὶ οἰκτίρμονες, ὡς καὶ ὁ Πατὴρ ὑμῶν χρηστός ἐστι καὶ οἰκτίρμων, καὶ τὸν ἥλιον αὐτοῦ ἀνατέλλει ἐπὶ ἁμαρτωλοὺς καὶ δικαίους καὶ πονηρούς. μὴ μεριμνᾶτε δὲ τί φάγητε ἢ τί ἐνδύσησθε. οὐχ ὑμεῖς τῶν πετεινῶν καὶ τῶν θηρίων διαφέρετε; καὶ ὁ Θεὸς τρέφει αὐτά. μὴ οὖν μεριμνήσητε τί φάγητε ἢ τί ἐνδύσησθε· οἶδε γὰρ ὁ Πατὴρ ὑμῶν ὁ οὐράνιος ὅτι τούτων χρείαν ἔχετε. ζητεῖτε δὲ τὴν βασιλείαν τῶν οὐρανῶν, καὶ πάντα ταῦτα προστεθήσεται ὑμῖν. ὅπου γὰρ ὁ θησαυρός ἐστιν, ἐκεῖ καὶ ὁ νοῦς τοῦ ἀνθρώπου. καί· Μὴ ποιεῖτε ταῦτα πρὸς τὸ θεαθῆναι ὑπὸ τῶν ἀνθρώπων· εἰ δὲ μή γε, μισθὸν οὐκ ἔχετε παρὰ τοῦ Πατρὸς ὑμῶν τοῦ ἐν τοῖς οὐρανοῖς.

## The Ethical Teaching of Jesus

περὶ μὲν οὖν σωφροσύνης τοσοῦτον εἶπεν· Ὃς ἂν ἐμβλέψῃ γυναικὶ πρὸς τὸ ἐπιθυμῆσαι αὐτῆς ἤδη ἐμοίχευσε τῇ καρδίᾳ παρὰ τῷ θεῷ. καί· Εἰ ὁ ὀφθαλμός σου ὁ δεξιὸς σκανδαλίζει σε, ἔκκοψον αὐτόν· συμφέρει γάρ σοι μονόφθαλμον εἰσελθεῖν εἰς τὴν βασιλείαν τῶν οὐρανῶν, ἢ μετὰ τῶν δύο πεμφθῆναι εἰς τὸ αἰώνιον πῦρ. καί· Ὃς γαμεῖ ἀπολελυμένην ἀφ' ἑτέρου ἀνδρὸς μοιχᾶται. καί· Εἰσί τινες οἵτινες εὐνουχίσθησαν ὑπὸ τῶν ἀνθρώπων, εἰσὶ δὲ οἳ ἐγεννήθησαν εὐνοῦχοι, εἰσὶ δὲ οἳ εὐνούχισαν ἑαυτοὺς διὰ τὴν βασιλείαν τῶν οὐρανῶν· πλὴν οὐ πάντες τοῦτο χωροῦσιν. ὥσπερ καὶ οἱ νόμῳ ἀνθρωπίνῳ διγαμίας ποιούμενοι ἁμαρτωλοὶ παρὰ τῷ ἡμετέρῳ διδασκάλῳ εἰσί, καὶ οἱ προσβλέποντες γυναικὶ πρὸς τὸ ἐπιθυμῆσαι αὐτῆς· οὐ γὰρ μόνον ὁ μοιχεύων ἔργῳ ἐκβέβληται παρ' αὐτῷ, ἀλλὰ καὶ ὁ μοιχεῦσαι βουλόμενος, ὡς οὐ τῶν ἔργων φανερῶν μόνον τῷ θεῷ ἀλλὰ καὶ τῶν ἐνθυμημάτων.

Justin Martyr

## Origen on the Arguments of Celsus' Jew

μετὰ ταῦτά φησιν ὁ παρὰ τῷ Κέλσῳ Ἰουδαῖος ὅτι, 'Πολλὰ ἔχων λέγειν περὶ τῶν κατὰ τὸν Ἰησοῦν γενομένων καὶ ἀληθῆ, καὶ οὐ παραπλήσια[1] τοῖς ὑπὸ τῶν μαθητῶν τοῦ Ἰησοῦ γραφεῖσιν, ἑκὼν ἐκεῖνα παραλείπω'. τίνα οὖν ἄρα τἀληθῆ, καὶ οὐχ ὁποῖα ἐν τοῖς Εὐαγγελίοις γέγραπται, ἃ παραλείπει ὁ παρὰ Κέλσῳ Ἰουδαῖος; ἤ, δοκούσῃ δεινότητι ῥητορικῇ χρησάμενος, προσποιεῖται μὲν ἔχειν λέγειν, οὐδὲν δὲ εἶχεν ἔξωθεν τοῦ Εὐαγγελίου φέρειν, δυνάμενον πλῆξαι ὡς ἀληθὲς ὂν τὸν ἀκούοντα, καὶ ὡς ἐναργῶς κατηγοροῦν Ἰησοῦ καὶ τῆς διδασκαλίας αὐτοῦ; ἐγκαλεῖ δὲ τοῖς μαθηταῖς 'ὡς πλασαμένοις ὅτι πάντα τὰ συμβάντα αὐτῷ ἐκεῖνος προῄδει καὶ προειρήκει'. καὶ τοῦτο δὲ

[1] *similar.*

ἀληθὲς ὂν κἂν μὴ Κέλσος βούληται, παραστήσομεν ἀπὸ πολλῶν καὶ ἄλλων προφητικῶς ὑπὸ τοῦ Σωτῆρος εἰρημένων, ἐν οἷς προεῖπε τὰ Χριστιανοῖς καὶ ἐν ταῖς ὕστερον γενόμενα γενεαῖς. καὶ τίς γε οὐκ ἂν θαυμάσαι τὸ προειρημένον τό· Ἐπὶ ἡγεμόνας δὲ καὶ βασιλεῖς ἀχθήσεσθε ἕνεκεν ἐμοῦ εἰς μαρτύριον αὐτοῖς καὶ τοῖς ἔθνεσι· καὶ εἴ τι ἀλλὸ περὶ τοῦ διωχθήσεσθαι τοὺς μαθητὰς αὐτοῦ προεῖπε;

*Contra Celsum* ii, 13

## Origen refutes the Jews

οὕτω καθ' ἡμᾶς ὁ Λόγος Θεὸς καὶ Θεοῦ τῶν ὅλων Υἱὸς ἔλεγεν ἐν τῷ Ἰησοῦ τό· ' Ἐγώ εἰμι ἡ ὁδὸς καὶ ἡ ἀλήθεια καὶ ἡ ζωή ' καὶ τό· ' Ἐγώ εἰμι ἡ θύρα ' καὶ τό· ' Ἐγώ εἰμι ὁ ἄρτος ὁ ζῶν, ὁ ἐκ τοῦ οὐρανοῦ καταβάς ' καὶ εἴ τι ἄλλο τούτοις παραπλήσιον.[1] ἐγκαλοῦμεν[2] οὖν Ἰουδαίοις τοῦτον μὴ νομίσασι Θεόν, ὑπὸ τῶν προφητῶν πολλαχοῦ μεμαρτυρημένον ὡς μεγάλην ὄντα δύναμιν, καὶ Θεὸν κατὰ τὸν τῶν ὅλων Θεὸν καὶ Πατέρα. τούτῳ γάρ φαμεν ἐν τῇ κατὰ Μωυσέα κοσμοποιίᾳ προστάττοντα τὸν Πατέρα εἰρηκέναι τό· ' Γενηθήτω φῶς ' καὶ ' Γενηθήτω στερέωμα ' καὶ τὰ λοιπά, ὅσα προσέταξεν ὁ Θεὸς γενέσθαι· καὶ τούτῳ εἰρηκέναι τό· ' Ποιήσωμεν ἄνθρωπον κατ' εἰκόνα καὶ ὁμοίωσιν ἡμετέραν '· προσταχθέντα δὲ τὸν Λόγον πεποιηκέναι πάντα ὅσα ὁ Πατὴρ αὐτῷ ἐνετείλατο. καὶ ταῦτα λέγομεν, οὐκ αὐτοὶ ἐπιβάλλοντες, ἀλλὰ ταῖς παρὰ Ἰουδαίοις φερομέναις προφητείαις πιστεύοντες, ἐν αἷς λέγεται περὶ τοῦ Θεοῦ ὅτι 'Αὐτὸς εἶπε, καὶ ἐγενήθησαν· αὐτὸς ἐνετείλατο, καὶ ἐκτίσθησαν '. εἰ γὰρ ἐνετείλατο ὁ Θεός, καὶ ἐκτίσθη τὰ δημιουργήματα, τίς ἂν εἴη ὁ τὴν τηλικαύτην τοῦ Πατρὸς ἐντολὴν ἐκπληρῶσαι δυνηθεὶς ἢ ὁ (ἵν' οὕτως ὀνομάσω) ἔμψυχος Λόγος καὶ ἀλήθεια τυγχάνων;

*Contra Celsum* ii, 9 (adapted)

## Gregory Nazianzus refutes the Apollinarian Christology

βλέπετε μή τις ἀπατήσῃ ὑμᾶς φλυαρῶν καὶ μὴ τἀληθῆ διδάσκων περὶ τοῦ Χριστοῦ. συμφέρει γὰρ ὑμῖν ἵνα τῇ ἀληθείᾳ πείθησθε μηδὲ πρὸς κέντρα λακτίζητε. εἴ τις λέγοι τὴν σάρκα τοῦ Χριστοῦ ἐξ οὐρανοῦ κατεληλυθέναι, ἀλλὰ μὴ ἐντεῦθεν εἶναι καὶ παρ' ἡμῶν, εἰ καὶ ὑπὲρ ἡμᾶς, ἀνάθεμα ἔστω. τὸ γάρ, Ὁ δεύτερος ἄνθρωπος ἐξ

[1] *similar.*

[2] ἐγκαλέω, *I lay a charge against* (Dative).

οὐρανοῦ, καί, Οὐδεὶς ἀναβέβηκεν εἰς τὸν οὐρανόν, εἰ μὴ ὁ ἐκ τοῦ οὐρανοῦ καταβάς, ὁ Υἱὸς τοῦ ἀνθρώπου, καὶ εἴ τι ἄλλο τοιοῦτο, νομιστέον λέγεσθαι διὰ τὴν πρὸς τὸν οὐράνιον ἕνωσιν, ὥσπερ καὶ τὸ διὰ Χριστοῦ γεγονέναι τὰ πάντα, καὶ κατοικεῖν Χριστὸν ἐν ταῖς καρδίαις ὑμῶν, οὐ κατὰ τὸ φαινόμενον τοῦ Θεοῦ, ἀλλὰ κατὰ τὸ νοούμενον, κιρναμένων ὥσπερ τῶν φύσεων, οὕτω δὴ καὶ τῶν κλήσεων, καὶ περιχωρουσῶν εἰς ἀλλήλας τῷ λόγῳ τῆς συμφυΐας. εἴ τις εἰς ἄνουν ἄνθρωπον ἤλπικεν, ἀνόητος ὄντως ἐστί, καὶ οὐκ ἄξιος ὅλως σώζεσθαι. τὸ γὰρ ἀπρόσληπτον ἀθεράπευτον· ὃ δὲ ἥνωται τῷ Θεῷ, τοῦτο καὶ σώζεται. εἰ ἥμισυς ἔπταισεν ὁ Ἀδάμ, ἥμισυ καὶ τὸ προσειλημμένον καὶ τὸ σωζόμενον. εἰ δὲ ὅλος, ὅλῳ τῷ γεννηθέντι ἥνωται, καὶ ὅλως σώζεται.

## EXERCISES IN CONTINUOUS PROSE

Translate into Greek :

1. The children so feared the judges, that they fled from the city and hid themselves in the fields beside the river. But the judges, having sought for a long time, found them and captured them and cast them into prison.
2. Do not touch the fire lest you be burned. Do not taste poison lest you die. Do not sin lest you lose your own soul. For what shall it profit you to enjoy the pleasures of sin and to be cast into the fire of Gehenna?
3. Flee from evil and cleave to that which is good. Cease to sin and seek the Lord with thine whole heart. For those who seek shall find, and those who ask shall receive. For God gives to us more than we are worthy to receive. Remember that His love is greater than our wickedness.
4. The chief priests and the scribes and the Pharisees who were standing in the temple answered the governor saying, Whereas [1] the rulers of the Gentiles love the sins of the flesh, we, being Jews, promised our God, saying, We will abstain from the fleshly lusts which war against the soul.
5. How often shall we hear the voice of the preacher, if the rulers of the people prevent [2] the believers from gathering together to

[1] μὲν . . . δέ.

[2] κωλύω, *forbid, prevent*, is followed by simple infinitive.

worship God? How many of our young men will obey God when he calls them to proclaim his word to sinners? Pray therefore that the citizens of our land may be saved from the hand of those who wish to persecute us.

6. He showed me many trees which had not leaves, but seemed to me to be dry. For they were all alike. Not only had they not leaves, but they had no fruit either. Let us therefore cut them down that they may be cast into the fire and destroyed.
7. I wish to know where I can find the king who sent his heralds into the country of the Greeks to proclaim that he was about to give them gifts worthy of honour. Who can tell me where he dwells or where his house is? Is it in the road which leads to the temple?
8. Blessed are the peacemakers for they shall be called the children of God. Blessed are they who know the truth. Let us remember [1] that it is more blessed to give than to receive. For so our Lord taught us in the time of the apostles.
9. Remember therefore the words of the apostle who says, If anyone does not wish to work, neither let him eat. And if anyone having heard this teaching does not obey it, he shall depart into destruction, being an enemy of God, who wills that all men should seek His righteousness. For every good man does good deeds that the name of God may be glorified.
10. It is expedient for thee to give bread to the poor, since God wills that thou shouldest feed them. For blessed are they that do alms, because they shall be called the sons of the Father who is in heaven, who makes his sun to rise on the evil and the good, and clothes the grass and the lilies of the field. Hear, therefore, these commandments of the Lord and do them.
11. Learn that the Lord ate and drank with those who were doing iniquity. For He came to seek and call these into His kingdom. The scribes and Pharisees, becoming angry with Him, wished to murder Him. Therefore teach men that unless their mercy abounds, they shall in no wise enter into the kingdom of heaven. For no-one comes to the Father except through the Son, who is

[1] μνησθῶμεν, aor. subj. passive of μιμνήσκω, *I remind.* (μιμνήσκω, μνήσω, ἔμνησα, gives perfect passive μέμνημαι, *I remember*, aor. passive ἐμνήσθην, *I remembered.* Imperative μνήσθητι, etc., *remember.*)

the way and the truth and the life. He who has seen Him has seen the Father.

12. Cast thy bread upon the face of the waters, and it shall return to thee in due season. Thou shalt find it again after many days. Give whatever thou shalt receive to seven or eight or nine of thy friends, and they shall give thanks unto thee, and thy Father who seeth in secret shall praise and reward thee. (See Matt. 6 $^{18}$.)
13. Whatsoever thine hand findeth to do, do it well, and always serve the Lord with all thy might. For who can ever serve him worthily? Remember His great love and all His gifts. Thank Him because He sent His only-begotten Son to save us.
14. Although He was [1] His beloved son, God allowed Him to be killed on behalf of sinners. He died upon the Cross to justify them that believe on Him. He was raised from the dead by the Father, and we have received forgiveness of sins through His Name.
15. While the disciple was still teaching the crowd, the Holy Spirit fell upon all who heard the word. And they were able to enter through the narrow gate into the constricted [2] road that leads into eternal life. For they became like the prudent man who built his house upon the rock.
16. Whenever therefore you do alms,[3] do not give your gifts only to those who love you, but also to those who hate you. Otherwise,[4] you will not be likened to your Father who is in heaven, who is friendly even to the unrighteous. Therefore give your bread to those who cannot repay anything. For great will be your reward in heaven.
17. Blessed is the man who does not go into the way of those who do lawlessness. For whosoever works righteousness shall never depart from God, but shall be called His son, and shall inherit the treasure of the holy city which God founded, where neither moth nor rust corrupts. (See Matt. 6$^{20}$.)
18. Who of you did not hear that a certain disciple of the great king, having been persecuted for the sake of righteousness, was cast into prison in this city? And then, standing in the fire, which was

[1] Use *καίπερ* and the participle (all accusative agreeing with ‘ him ’).
[2] *θλίβω, I constrict.* Perfect participle passive *τεθλιμμένος* (Matt. 7$^{14}$).
[3] *ἐλεημοσύνη.* [4] *εἰ δὲ μή γε.*

being kindled by his enemies, he said to the man who was perishing with him, Rejoice, brother ; for today we kindle a lamp which shall shine with unquenchable fire.

## ALPHABETICAL TABLE OF VERBS

| | ENGLISH | FUTURE | AORIST | PERFECT ACTIVE | PERFECT PASSIVE | AORIST PASSIVE |
|---|---|---|---|---|---|---|
| ἀγγέλλω | *announce* | ἀγγελῶ | ἤγγειλα | | | ἠγγέλην |
| ἄγω | *lead, drive* | ἄξω | ἤγαγον | | ἦγμαι | ἤχθην |
| αἱρέω | *take* | ἑλῶ | -εἷλον | | -ᾕρημαι | -ᾑρέθην |
| αἴρω | *raise* | ἀρῶ | ἦρα | ἦρκα | ἦρμαι | ἤρθην |
| ἀκούω | *hear* | ἀκούσω<br>ἀκούσομαι | ἤκουσα | ἀκήκοα | | ἠκούσθην |
| βαίνω | *go* | βήσομαι | ἔβην | βέβηκα | | |
| βάλλω | *throw* | βαλῶ | ἔβαλον | βέβληκα | βέβλημαι | ἐβλήθην |
| γίνομαι | *become* | γενήσομαι | ἐγενόμην | γέγονα | γεγένημαι | ἐγενήθην |
| γινώσκω | *come to know, know* | γνώσομαι | ἔγνων | ἔγνωκα | ἔγνωσμαι | ἐγνώσθην |
| δέομαι | *need, beseech* | | | | | ἐδεήθην |
| δέω | *bind* | δήσω | ἔδησα | δέδεκα | δέδεμαι | ἐδέθην |
| δίδωμι | *give* | δώσω | ἔδωκα | δέδωκα | δέδομαι | ἐδόθην |
| δύναμαι | *am able* | δυνήσομαι | | | | ἐδυνήθην<br>ἠδυνήθην |
| ἕλκω | *drag* | ἑλκύσω | εἵλκυσα | | | |
| ἐλπίζω | *hope* | ἐλπιῶ | ἤλπισα | ἤλπικα | | |
| ἐργάζομαι | *work* | | ἠργασάμην<br>εἰργασάμην | | εἴργασμαι | εἰργάσθην |
| ἔρχομαι | *come* | ἐλεύσομαι | ἦλθον | ἐλήλυθα | | |
| ἐσθίω<br>ἔσθω | *eat* | φάγομαι | ἔφαγον | | | |
| ἔχω | *have, hold* | ἕξω | ἔσχον | ἔσχηκα | | |
| ζάω | *live* | ζήσω<br>ζήσομαι | ἔζησα | | | |
| θάπτω | *bury* | | ἔθαψα | | | ἐτάφην |
| -θνήσκω | *die* | -θανοῦμαι | -έθανον | τέθνηκα | | |
| -ἵημι | *send* | -ἥσω | -ἧκα | -εἷκα | -ἕωμαι | -ἕθην |
| ἱλάσκομαι | *expiate* | | | | | ἱλάσθην |

| | ENGLISH | FUTURE | AORIST | PERFECT ACTIVE | PERFECT PASSIVE | AORIST PASSIVE |
|---|---|---|---|---|---|---|
| ἵστημι | *cause to stand* | στήσω | ἔστην (str.)[1]<br>ἔστησα (wk.)[2] | ἕστηκα[3] | | ἐστάθην |
| καίω | *burn* | καύσω | ἔκαυσα | | κέκαυμαι | ἐκαύθην |
| καλέω | *call* | καλέσω | ἐκάλεσα | κέκληκα | κέκλημαι | ἐκλήθην |
| κλαίω | *weep* | κλαύσω<br>κλαύσομαι | ἔκλαυσα | | | |
| κλάω | *break* | | ἔκλασα | | | ἐκλάσθην |
| κλείω | *shut* | κλείσω | ἔκλεισα | | κέκλεισμαι | ἐκλείσθην |
| λαμβάνω | *take* | λήμψομαι | ἔλαβον | εἴληφα | εἴλημμαι | ἐλήμφθην |
| λέγω | *say* | ἐρῶ | εἶπον | εἴρηκα | εἴρημαι | ἐλέχθην<br>ἐρρέθην<br>ἐρρήθην |
| μιμνήσκω | *remind* | μνήσω | ἔμνησα | | μέμνημαι | ἐμνήσθην |
| (ἀπ-) ὄλλυμι<br>(ἀπ-) ὀλλύω | *destroy* | ἀπολέσω<br>ἀπολῶ | ἀπώλεσα<br>ἀπωλόμην[4] | ἀπόλωλα | | |
| ὁράω | *see* | ὄψομαι | εἶδον | ἑώρακα<br>ἑόρακα | | ὤφθην |
| πάσχω | *suffer* | | ἔπαθον | πέπονθα | | |
| πείθω | *persuade* | πείσω | ἔπεισα | πέποιθα | πέπεισμαι | ἐπείσθην |
| πίνω | *drink* | πίομαι | ἔπιον | πέπωκα | | ἐπόθην |
| πίπτω | *fall* | πεσοῦμαι | ἔπεσον | πέπτωκα | | |
| ῥύομαι | *deliver* | ῥύσομαι | ἐρυσάμην<br>ἐρρυσάμην | | | ἐρύσθην |
| (ἀπο-)στέλλω | *send* | -στελῶ | -ἔστειλα | -ἔσταλκα | -ἔσταλμαι | -ἐστάλην |
| στρέφω | *turn* | στρέψω | ἔστρεψα | | ἔστραμμαι | ἐστράφην |
| τελέω | *accomplish* | τελέσω | ἐτέλεσα | τετέλεκα | τετέλεσμαι | ἐτελέσθην |
| τέμνω | *cut* | | ἔτεμον | | τέτμημαι | ἐτμήθην |
| τίθημι | *place* | θήσω | ἔθηκα | τέθεικα | τέθειμαι<br>κεῖμαι | ἐτέθην |
| τίκτω | *bring forth* | τέξομαι | ἔτεκον | | | ἐτέχθην |
| τρέπω | *turn* | | ἔτρεψα | | | ἐτράπην |

[1] *I stood.*
[2] *I caused to stand.*
[3] *I stand.*
[4] *I perished.*

| | ENGLISH | FUTURE | AORIST | PERFECT ACTIVE | PERFECT PASSIVE | AORIST PASSIVE |
|---|---|---|---|---|---|---|
| *τρέφω* | *nourish* | | *ἔθρεψα* | | *τέθραμμαι* | *ἐτράφην* |
| *τρέχω* | *run* | | *ἔδραμον* | | | |
| *φέρω* | *carry* | *οἴσω* | *ἤνεγκον*<br>*ἤνεγκα* | *ἐνήνοχα* | | *ἠνέχθην* |

# GREEK-ENGLISH VOCABULARY

(The numbers refer to pages).

'Αβραάμ, Abraham, 66, 84
ἀγαθοποιέω, do good, 101
ἀγαθός, good, 17
ἀγαλλιάω, -άομαι, rejoice greatly, 56, 117
ἀγανακτέω, be annoyed, 33
ἀγαπάω, love, 36
ἀγάπη, (Christian) love, 10, 57
ἀγαπητός, beloved, 18
ἀγγαρεύω, impress, compel, 104
ἀγγελία, report, 3
ἀγγέλλω, announce, 27, 131
ἄγγελος, messenger, angel, 2, 6
ἀγέλη, herd, 3
ἁγιάζω, sanctify, 12
ἁγιασμός, sanctification, 6
ἅγιος, holy, 18
ἁγιότης, holiness (3rd declension, fem.)
ἁγιωσύνη, holiness, 3
ἀγκάλη, arm, 3
ἄγκιστρον, hook, 6
ἄγκυρα, anchor, 3
ἄγναφος, unbleached, uncarded (of wool), 17
ἁγνεία, purity, 3
ἁγνίζω, purify, 12
ἁγνισμός, purification, 6
ἀγνοέω, be ignorant, 32
ἄγνοια, ignorance, 3
ἁγνός, pure, 17
ἁγνότης, purity (3rd declension, fem.)
ἀγνωσία, ignorance, 3
ἄγνωστος, unknown, 17
ἀγορά, market-place, 3
ἀγοράζω, buy, 23
ἄγρα, catch (of fish), 3
ἀγράμματος, unlearned, 17
ἄγριος, wild, 18
ἀγρός, field, 6
ἀγρυπνέω, keep awake, 32
ἄγω, lead, drive, 29, 131
ἀγών, contest (gen. ἀγῶνος), 41
ἀγωνίζομαι, strive, 78
ἀδελφή, sister, 3
ἀδελφός, brother, 6
ᾅδης, Hades, Sheol, the abode of the dead, 5
ἀδικέω, harm, 32
ἀδικία, iniquity, 3
ἄδικος, unjust, 17
ἀδίκως, unjustly, 58
ἄδολος, unadulterated, 100
ἀδυνατέω, be impossible, 32
ἀδύνατος, impossible, 40
ᾄδω, sing, 4
ἀεί, always, 59
ἀετός, eagle, vulture, 6
ἄζυμος, unleavened, 38
ἀθανασία, immortality, 3
ἀθετέω, reject, 33
ἀθροίζω, gather together, 111
ἀθυμέω, be despondent, 110
ἀθῷος, innocent, 17
αἰγιαλός, sea-shore, 6
Αἴγυπτος, Egypt, 7, 44
ἀΐδιος, eternal, 18
Αἰθίοψ, Ethiopian, 91
αἷμα, blood, 45
αἰνέω, praise, 33
αἱρέομαι, choose, 131
αἴρω, raise, 27, 131
αἰσθάνομαι, perceive, 80
αἰσχρός, base, shameful, 18
αἰσχύνη, shame, 3
αἰσχύνομαι, be ashamed, 80
αἰτέω, ask, request, 33
αἰτία, cause, accusation, 3
αἰών, age, 41, 42
αἰώνιος, of the age to come, eternal, 41, 107
ἀκαθαρσία, impurity, 3
ἀκάθαρτος, impure, 17
ἄκακος, innocent, 17
ἄκανθαι, thorns, 3
ἀκάνθινος, made of thorns, 17, Mark 15[17]
ἄκαρπος, unfruitful, 17
ἀκέραιος, harmless, 17
ἀκοή, hearing, report, 3
ἀκολουθέω, follow, 53
ἀκούω, hear, 4, 131
ἀκριβής, accurate, 57
ἀκριβόω, ascertain exactly, 61
ἀκριβῶς, accurately, 58

ἀκρίς, locust, 40
ἀκροατής, hearer, 5
ἀκροβυστία, uncircumcision, 3
ἀκωλύτως, without hindrance, 58
ἄκων, unwilling, 62
ἁλεεύς, fisherman, 66
ἀλείφω, anoint, 12
ἀλέκτωρ, cock, 42
ἄλευρον, meal, flour, 84
ἀλήθεια, truth, 14
ἀληθής, true, 44, 48
ἀληθῶς, truly, 58
ἀλλά, but, 10, 117
ἀλλάσσω, reconcile, 100
ἀλλαχόθεν, from another direction, 59
ἀλλαχοῦ, elsewhere, 59
ἀλλήλων, (of) one another (gen. plur.); ἀλλήλους (acc. pl.); ἀλλήλοις (dat. plur.), 89
ἅλλομαι, leap, 78
ἄλλος, other, 18, 117
ἀλλότριος, belonging to another, 18
ἅλυσις, chain, 44
ἁμαρτάνω, sin, err, 28, 100
ἁμάρτημα, sin, 45
ἁμαρτία, sin, 3
ἁμαρτωλός, sinner, 11, 13
ἀμήν, truly, verily, amen, 69
ἄμμος, sand (fem.), 7
ἀμνός, lamb, 24
ἀμπελών, vineyard, 42, 43
ἀμφίβληστρον, net, 6
ἀμφιέννυμι, clothe, Matt. 6[30]
ἀμφότεροι, both, 18
ἄν, would, 87, 100
ἀναβαίνω, go up, 29, 125
ἀναβλέπω, look up, see again, 73
ἀναβοάω, send up a shout, 36
ἀναγγέλλω, announce, report, 27
ἀναγινώσκω, read, 16, 29, 31, 131
ἀναγκάζω, compel, 12
ἀναγκαῖος, necessary, 18
ἀνάγκη, necessity, dire strait, 3, 124
ἀνάγω, lead up, 29, 75
ἀναδίδωμι, give up, 94
ἀναζάω, live again, 36, 80
ἀναιρέω, destroy, 124, 131
ἀνάκειμαι, recline, 98, 109
ἀναλαμβάνω, take up, 132
ἀναμιμνήσκω, remind, 132
ἀνάμνησις, memory, remembrance, 44
ἀνάξιος, unworthy, 38
ἀνάπαυσις, rest, 44
ἀναπίπτω, fall back, sit down, 132
ἀναπληρόω, fulfil, fill up, 39
ἀνάστασις, resurrection, 44
ἀναστατόω, turn upside down, 103
ἀναστροφή, behaviour, 3
ἀνατέλλω, rise, 77
ἀνατολαί, east, 77
ἀνατολή, rising, 77
ἀναχωρέω, return, depart, 34, 113
ἄνεμος, wind, 6
ἀνέρχομαι, go up, go back, 116, 131
ἄνευ, without (gen.), 114
ἀνήρ, man, husband, 42
ἀνθίστημι, cause to stand against, 95, 96
ἀνθρώπινος, human, 17, 126
ἄνθρωπος, man, human being, 6
ἀνίστημι, cause to arise, 95, 96
ἀνοίγω, open, 12, 108, 117
ἀνομία, lawlessness, 102
ἄνομος, lawless, 102
ἀντέχομαι, cling to (gen.), 131
ἀντί, in the place of, 114
ἀντίκειμαι, oppose (dat.), 84
ἀντίχριστος, antichrist, 43, 114
ἄνω, above, 59
ἄξιος, worthy, 38
ἀξιόω, deem worthy, claim, request, 38
ἀόρατος, invisible, 76, 125
ἀπαγγέλλω, announce, 131
ἀπάγω, lead, 131
ἅπαξ, once, 112
ἀπαρνέομαι, deny, 78, 88
ἀπαρχή, first-fruits, 3
ἀπειθέω, disobey, 32, 96
ἄπειμι, be absent, 25, 114
ἀπέρχομαι, depart, 116, 131
ἀπέχω, have in full; am distant. ἀπέχει, it is enough, 81
ἀπιστέω, disbelieve, 32
ἀπιστία, unbelief, 3
ἄπιστος, unbelieving, 128
ἀπό, from, 7, 114
ἀποδημέω, go into another country, 32
ἀποδίδωμι, pay back (Middle: sell), 94
ἀποθνήσκω, die, 9, 75, 131
ἀποκαλύπτω, reveal, 12, 69
ἀποκάλυψις, revelation, 44
ἀποκόπτω, cut off, 75, 126
ἀποκρίνομαι, answer, 27, 78, 84
ἀποκρύπτω, conceal, 12, 14, 75
ἀποκτείνω, kill, 69
ἀπόλλυμι, destroy, 84, 132
ἀπολύτρωσις, redemption, 44
ἀπολύω, release, divorce, 94, 126
ἀπορέω, be in difficulty, 32
ἀποστάσιον, bill of divorcement, 94
ἀποστέλλω, send, 132
ἀπόστολος, apostle, 6
ἀποστρέφω, turn away, 132

ἀποτίθεμαι, lay aside, 98, 99
ἅπτομαι, touch, 88
ἀπώλεια, destruction, 3
ἄρα, well then, 117
ἆρα, interrogative particle, 91, 117
ἀργύριον, silver piece, 7
ἄργυρος, silver, 6
ἀρέσκω, please, 75, 124
ἀριθμέω, number, 32
ἀριθμός, number, 6, 114
ἀριστερός, left, 18
ἀρκέω, suffice, 32
ἀρνέομαι, deny, 78, 88
ἀρνίον, lamb, 6
ἀρραβών, earnest, sample, first instalment, gen. ἀρραβῶνος, 41
ἄρτι, now, 59
ἄρτος, bread (pl. loaves), 6
ἀρχαῖος, ancient, Matt. 5[21]
ἀρχή, beginning, rule, government, 10
ἀρχιερεύς, high-priest (pl. chief-priests), 44
ἄρχομαι, begin, 80
ἄρχω, rule, 12
ἄρχων, ruler, 42
ἀσθένεια, weakness, sickness, 3
ἀσθενέω, be weak, be sick, 32
ἀσθενής, sick, weak, 48
ἀσκός, wine-skin, 45
ἀσπάζομαι, greet, 78
ἀστήρ, star, 42
ἀστραπή, lightning, 3, 47
ἀστράπτω, shine, 101
ἀσφαλής, sure, 65
ἀσφαλίζω, make sure, 82
αὐξάνω, increase, 75, 100
αὔριον, tomorrow, 59
αὐτός, -ή, -ό, he, she, it ; self ; same, 20
ἀφαιρέω, take away, 131
ἀφανίζω, disfigure, Matt. 6[16]
ἄφεσις, forgiveness, 44
ἀφίημι, let go, allow, forgive, 99
ἀφίστημι, cause to stand away, 96
ἄχρι, until, as far as, 67

βάθος, depth, 45
βαθύς, deep, 50
βαίνω, go, 29, 64, 131
βάλλω, throw, 75, 131
βαπτίζω, baptize, 12, 51
βαπτιστής, baptist, 20
βασιλεία, kingdom, 10
βασιλεύς, king, 43
βασιλεύω, reign, 3
βασίλισσα, queen, 3
βαστάζω, carry, 12
βέβαιος, firm, 38
βεβαιόω, make firm, 38
βέλτιον, very well, 56, 60
βῆμα, judgement-seat, 45
βία, force, 3
βιβλίον, book, 6
βίβλος, book, 7
βίος, life, 6
βλάπτω, harm, 14
βλαστάνω, grow, spring up, bring forth, 75
βλασφημία, blasphemy, slander, 3
βλέπω, see, take heed, 20
βοάω, cry aloud, 36
βοηθέω, help, 64
βόθυνος, pit, 6
βουλεύομαι, deliberate, 79
βούλομαι, wish, 79
βοῦς, ox, 46
βραχίων, arm, 41
βροντή, thunder, 3, 67
βροχή, rain, 3
βρυγμός, gnashing, 6
βρύχω, gnash, 41
βρῶμα, food, 45
βρῶσις, rust, food, 125
βυρσεύς, tanner, 43, 108

γάλα, milk, gen. γάλακτος (n.), 100
γαμέω, marry, 32
γάρ, for, 10
γε, at any rate, 100
γέεννα, Gehenna, 3
γείτων, neighbour (like ἡγεμών), 41
γελάω, laugh (fut. γελάσω), 36
γέμω, be full, 105
γενεά, generation, 3
γένημα, fruit, 45
γεννάω, beget, 36
γέννημα, offspring, 45
γεννητός, offspring, 17
γένος, race, kind, 45
γέρων, old man (gen., γέροντος), 42
γεύομαι, taste, 88
γεωργός, farmer, husbandman, 6
γῆ, earth, land, 4
γίνομαι, become, be made, 79, 90, 108, 131
γινώσκω, get to know, know, 29, 131
γλῶσσα, tongue, 3
γνωρίζω, make known, 124
γνῶσις, knowledge, 44
γονεῖς, parents, 43
γόνυ, knee, 45
γράμμα, letter (of the alphabet), 46, 47
γραμματεύς, scribe, 43, 84, 110

γραφή, writing, scripture, 10
γράφω, write, 12, 14, 74
γρηγορέω, keep awake, watch, 32
γυνή, woman, wife, 42
γωνία, corner, 3

δαιμονίζομαι, be possessed by a demon, 78
δαιμόνιον, demon, 7
δάκρυον, tear, 7, 119
δακρύω, weep, 4
δάκτυλος, finger, 6
δανείζω, δανίζω, lend, 78, 114
δανείζεσθαι, δανίζεσθαι (middle), borrow, 78
δαπανάω, spend, 35
δεῖ, it is necessary, 22, 81
δεικνύω, δείκνυμι, show, 84
δειλός, cowardly, 17
δειπνέω, sup, 32
δεῖπνον, feast, 6
δέκα, ten, 112
δεκαπέντε, fifteen, 112
δέκατος, tenth, 112
δένδρον, tree, 6, 7
δεξιός, right, 18, 54, 99
δεόμαι, beseech, lack, 80
δέσμιος, prisoner, 6
δεσμός, bond, 6
δεσμωτήριον, prison, 6
δεσπότης, master, 5
δεύτερος, second, 112
δέχομαι, receive, 80
δέω, bind, 53
δή, indeed (adverb of manner), 60
δηλόω, make manifest, 37, 86
δῆμος, people, 6
δημοσίᾳ, publicly, 60
δηνάριον, denarius, 6
διά (with acc.), on account of; (with gen.), through, by means of, 115
διάβολος, devil, 10, 46
διαθήκη, covenant, 3
διακονέω, serve, 39
διακονία, service, 3
διάκονος, servant, 6
διακόσιοι, two hundred, 113
διάνοια, understanding, 3
διαφέρω, be superior, 58, 61
διαφθείρω, destroy, 27
διδασκαλία, teaching, 3
διδάσκαλος, teacher, 10
διδάσκω, teach, 12, 66
διδαχή, teaching, 6
δίδωμι, give, 92
δίκαιος, just, righteous, 38
δικαιοσύνη, righteousness, 10
δικαιόω, deem righteous, justify, vindicate, acquit, 38
δίκτυον, net, 6
διό, wherefore, 31, 115
δίς, twice, 112
διψάω, thirst, 35
διώκω, pursue, persecute, 12
δοκέω, think, seem (good), 81, 111
δόλος, guile, 6, 68
δολόω, adulterate, 37
δόμα, gift, 45
δόξα, glory, 3
δοξάζω, glorify, 12
δουλεύω, serve, 39
δούλη, handmaid, 3
δοῦλος, slave, servant, 6
δουλόω, enslave, 39
δύναμαι, am able, 79
δύναμις, power, 44
δυνατός, possible, 40
δύο, two, 52, 112
δυσκόλως, with difficulty, 58
δώδεκα, twelve, 112
δῶμα, house-top, 45
δωρεά, gift, 3
δωρεάν, freely, 60
δῶρον, gift, 6, 100

ἐάν, if; ὃς ἐάν, ὃς ἄν, whoever, etc., 87
ἑαυτόν κτλ., himself (reflex.), 25
ἐάω, allow, 36
ἑβδομήκοντα, seventy, 113
ἑβδομηκοντάκις, seventy times, 113
ἕβδομος, seventh, 112
ἐγγίζω, draw near, 34, 110
ἐγγύς, near, 60
ἐγείρω, rouse, raise, 27, 69
ἐγώ, I, 14
ἐθνικός, gentile, 61
ἔθνος, nation; τὰ ἔθνη, the gentiles, 45
εἰ, if, 41, 100, 105, 118
εἶδον, saw, 29
εἶδος, form, 45, 103
εἴκοσι, twenty, 112
εἰκών, image, 42
εἰμί, am, 25, 85, 90
εἶπον, said, 29
εἰρήνη, peace, 3
εἰς, into, in, against, 7, 23
εἷς, μία, ἕν, one, 52
εἰσέρχομαι, enter, 116, 131
εἰσπορεύομαι, enter, 79
εἰσφέρω, bring into, 133
εἶτα, then, next, 78
εἴτε . . . εἴτε, whether . . . or, 100

ἐκ, ἐξ, out of, 9, 114
ἕκαστος, each, 17
ἑκατόν, a hundred, 113
ἑκατοντάρχης, centurion, 5
ἐκβάλλω, cast out, 9, 131
ἐκεῖ, there, 59
ἐκεῖθεν, thence, 59
ἐκεῖνος, -η, -ο, that man, etc., 19
ἐκθαμβέομαι, be amazed, 83
ἐκκλησία, church, assembly, congregation, 3, 39
ἐκκόπτω, cut off, cut down, 75, 126
ἐκλέγομαι, choose, 78, 116
ἐκλεκτός, chosen, 17
ἐκμάσσω, wipe, 47
ἐκπειράζω, tempt, put to the test, 12
ἐκπλήσσομαι, be astonished, 78
ἐκπορεύομαι, come out, 65, 79
ἐκτείνω, stretch out, 69
ἕκτος, sixth, 112
ἐκτός, outside, 67
ἐκφέρω, carry out, 133
ἐκχέω, pour out, 32
ἑκών, willing, 62
ἐλάχιστος, least, 56
ἐλεέω, have pity, 32
ἐλεημοσύνη, pity, alms, 66
ἐλεήμων, merciful, 49
ἐλεύθερος, free, 18
ἐλευθερόω, make free, 38
ἕλκω, drag, 131
Ἕλλην, Greek, gen. Ἕλληνος, 69
ἐλπίζω, hope, 12
ἐλπίς, hope, 40
ἐμαυτόν, myself (reflex.), 25
ἐμβαίνω, embark, 29
ἐμβλέπω, behold, 73
ἐμός, my, 102
ἔμπορος, merchant, 6
ἔμπροσθεν, before, 24, 59, 100
ἔμφοβος, fearful, 17
ἐν, in, by, 7, 46, 83
ἐναντίος, contrary, 18
ἔνατος, ninth, 112
ἕνδεκα, eleven, 112
ἑνδέκατος, eleventh, 112
ἔνδυμα, clothing, 45
ἐνδύω, put on, 4, 104
ἕνεκα, ἕνεκεν, for the sake of (gen.), 114
ἐνενήκοντα, ninety, 113
ἔνθεν, thence, 77
ἐνθυμέομαι, consider, 88
ἐνιαυτός, a year, 6
ἐννέα, nine, 112
ἔνοχος, answerable to, 17
ἐντέλλομαι, command, 127
ἐντεῦθεν, thence, 127
ἐντολή, commandment, 3
ἐνώπιον, in the presence of (gen.), 114
ἕξ, six, 112
ἐξάγω, lead out, 131
ἐξαιρέω, take out, 131
ἑξακόσιοι, six hundred, 113
ἐξέρχομαι, come out, 116, 131
ἔξεστιν, it is allowed, 81
ἐξηγέομαι, expound, 72, 78
ἑξήκοντα, sixty, 113
ἐξομολογέω, confess, 34
ἐξουσία, authority, 3
ἔξω, outside, 59, 118
ἔξωθεν, from outside, 59
ἑορτή, feast, 3
ἐπαγγελία, promise, 3
ἐπαγγέλλομαι, promise, 27, 78
ἐπαινέω, praise, 33
ἔπαινος, praise, 6
ἐπάνω, upon, 99
ἐπαύριον, tomorrow, 59
ἐπεί, when, 59
ἔπειτα, then, next, 78
ἐπερωτάω, ask, question, 36
ἐπί, on, 16, 115
ἐπιδίδωμι, give, 92
ἐπιθυμέω, desire, 32, 120
ἐπιθυμία, desire, 3
ἐπικαλέω, call, surname, 33
ἐπιστάτης, master, 5, 36
ἐπιτίθημι, place upon, 99
ἑπτά, seven, 112
ἑπτάκις, seven times, 112
ἑπτακισχίλιοι, seven thousand, 113
ἐργάζομαι, work, 78, 102
ἔργον, deed, 6
ἔρημος, desert, 7
ἔρχομαι, come, go, 29, 131
ἐρωτάω, ask, question, 36
ἐσθίω, eat, 76
ἑσπέρα, evening, 3
ἔσχατος, last, 17
ἔσω, within, 59
ἔσωθεν, from within, 59
ἕτερος, other, 18
ἔτι, yet, still, 59, 65
ἑτοιμάζω, prepare, 12
ἕτοιμος, ready, 58, 60
ἔτος, year, 45
εὖ, well, 58
εὐαγγελίζομαι, preach the gospel, 78, 92, 112
εὐαγγέλιον, gospel, 7
εὐδοκέω, take pleasure in, 81
εὐθέως, immediately, 59

εὐθύς, straight (adjective), 119
εὐθύς, immediately (adverb), 59, 119
εὐλογέω, bless, 32, 102
εὐλογητός, blessed, 17
εὐνοῦχος, eunuch, 126
εὑρίσκω, find, 69
εὐχαριστέω, give thanks, 32
εὔχομαι, pray, 108
ἐχθρός, enemy, 6
ἔχω, have, hold, 8, 131
ἕως, until, while, 87
ἕως (preposition), as far as, 87

ζάω, live, 36, 80
ζῆλος, zeal, jealousy, 38
ζητέω, seek, 32
ζιζάνιον, tare, darnel, 75
ζύμη, leaven, 38, 84
ζυμόω, leaven, 38, 84
ζωή, life, 3, 41
ζώνη, girdle, 104
ζωοποιέω, make alive, 32

ἤ, or, than, 57, 106
ἡγεμονεύω, govern, Luke 2[2]
ἡγεμών, leader, governor, 41
ἡγέομαι, lead, 72
ἤδη, already, 59
ἡδονή, pleasure, 3
ἥκω, have come, 12
ἡλικία, stature, age, 3
ἥλιος, sun, 6
ἡμέρα, day, 3

θάλασσα, sea, lake, 3
θαμβέομαι, be amazed, 83
θάνατος, death, 6, 97
θανατόω, put to death, 37, 83
θάπτω, bury, 77, 131
θαρρέω, θαρσέω, be of good courage, 34
θαυμάζω, marvel, 12
θεάομαι, behold, 80
θεῖος, divine, 18
θέλημα, will, 45
θέλω, ἐθέλω, wish, 12
θεμέλιος, foundation, 6, 39
θεμελιόω, found, 39
Θεός, God, 6
θεραπεύω, heal, 9
θερίζω, reap, 12
θερισμός, harvest, 6
θέρος, summer, 45
θεωρέω, behold, 32, 111
θῆλυς, female, 50
θηρίον, wild beast, 6
θησαυρίζω, lay up treasure, 12
θησαυρός, box containing treasure, treasure, 6
θλίβω, constrict, 130
θλῖψις, persecution, tribulation, 44
θνήσκω, die, 9, 20, 29, 75, 131
θρίξ, hair, 42
θρόνος, throne, 14
θυγάτηρ, daughter, 44
θύρα, door, 3
θυσιαστήριον, altar, 6

ἰάομαι, heal, 72
ἰατρός, physician, 6
ἴδε, behold, lo!, 29
ἴδιος, one's own, 18, 71
ἰδού, behold, lo!, 44
ἱερεύς, priest, 44
ἱερόν, temple, 6
Ἱεροσόλυμα, Jerusalem, 53
Ἱεροσολυμείτης, a Jerusalemite, 5
Ἱερουσαλήμ, Jerusalem, 39
Ἰησοῦς, Jesus, 11
ἱκανός, sufficient, worthy, big, 108
ἱμάτιον, garment, 6
ἵνα, that, in order that, 87
ἵππος, horse, 6
ἴσος, equal, 17
ἵστημι, make to stand, 95
ἰσχυρός, strong, 18, 120
ἰσχύω, have strength, 4
ἰχθύς, fish, 43
ἰῶτα, iota, jot, 1, 89

καθαρίζω, cleanse, 12
καθαρός, pure, 18
καθέδρα, seat, 3
καθεύδω, sleep, 4, 84
κάθημαι, sit, 91
καθίζω, sit, 12
καθίστημι, appoint, 95
καθώς, even as, 60
καινός, new, 17
καίπερ, although, 63
καιρός, season, 6
καίω, light, burn, 132
κακία, evil, 99
κακός, bad, 17, 56
κακῶς, badly, 60
καλέω, call, 33, 132
καλός, good, beautiful, fine, 56
καλύπτω, conceal, 12, 69, 84, 110
καλῶς, well, 58
κανών, measuring rod, rule, 41, 119
καρδία, heart, 10
καρπός, fruit, 6
κατά, down, according to, against, 115

καταβαίνω, come down, 29, 128
καταγγέλλω, announce, 27, 131
καταισχύνομαι, be ashamed, 84
κατάκειμαι, lie down, 98
κατακρίνω, condemn, 27
καταλείπω, leave, 29, 31
καταλύω, destroy, 88
κατανοέω, take note of, 34
καταπατέω, tread down, 34
καταπίνω, drink up (lit.: down), 76
καταπίπτω, fall down, 16, 132
καταράομαι, curse, 72
καταφρονέω, despise, 32
κατεσθίω, eat up (lit.: down)
κατηγορέω, accuse, 32, 126
κατοικέω, inhabit, 32
κάτω, down, 59
κεῖμαι, lie, be placed, 98
κελεύω, bid, order, command, 12
κενόδοξος, vainglorious, 87
κενός, empty, 17
κεφαλή, head, 3
κηρύσσω, proclaim, preach, 12
κλαίω, weep, 132
κλάω, break, 36
κλείς, key (gen. κλεῖδος, fem.), 40
κλείω, shut, 4
κλέπτης, thief, 5
κλέπτω, steal, 12, 105
κληρονομέω, inherit, 32
κληρονομία, inheritance, 3
κληρονόμος, heir, 6
κλίνη, bed, 10
κλινίδιον, little bed, 6
κοιμάομαι, sleep, 72
κοινός, common, unclean, 38
κοινόω, defile, pronounce unclean, 38
κοινωνία, fellowship, 3
κολάζω, punish, 124
κολλάομαι, cleave to , 107
κομίζω, convey, 23
κονιορτός, dust, 6
κοπιάω, toil, 36
κόπος, trouble, 6
κοσμέω, adorn, 32
κόσμος, world, universe, 6
κόφινος, basket, 6
κράβαττος, pallet, 6
κράζω, shout, 12, 14
κράσπεδον, hem, tassel, 6
κρατέω, lay hold of, 32
κρείσσων, κρείττων, better , 56
κρῖμα, judgement, 45
κρίνω, judge, 27, 119
κρίσις, judgement, 44, 92
κριτής, judge, 5
κρούω, knock, 15
κρυπτός, hidden, 17, 94
κρύπτω, conceal, 12, 14, 75, 99
κτάομαι, possess, 78, 124
κτῆμα, possession, 45
κτίζω, create, 127
κτίσις, creation, creature, 44
κτίστης, creator, 5
κύκλος, circle, 38
κυκλόω, encircle, 38
κῦμα, wave, 45, 84
κυνάριον, little dog, 6
κύπτω, stoop down, 12
κύριος, lord (vocative : ' sir '), 6
κύων, dog, 46
κωλύω, prevent, 12
κώμη, village, 3, 44
κωφός, deaf, dumb, 17

λάθρᾳ, privately, secretly, 60
λαῖλαψ, storm, Mark $4^{37}$
λαλέω, speak, 33
λαμβάνω, take, receive, 75
λαμπάς, lamp, 42
λάμπω, shine, 24
λαός, people, 6
λατρεύω, worship, 4
λέγω, say, 71
λέπρα, leprosy, 3
λεπρός, leper, 6
λεπτόν, mite, 6
λευκός, white, 71
λῃστής, robber, 14
λίαν, very, excessively, 60
λίβανος, frankincense, 6
λιθάζω, stone, 28
λίθος, stone, 6
λίμνη, lake, 108
λογίζομαι, reckon, 78
λόγος, word, account, 6, 53
λοιπός, remaining, 38
λούω, wash, 78
λύκος, wolf, 55
λυπέω, grieve, 34
λύτρον, ransom, 6
λυχνία, lamp-stand, 97, 99
λύχνος, lamp, 6
λύω, loose, 4, 5, 8, 12, 13, 15, 24, 53, 85, 89

μάγος, wise man, astrologer, sorcerer, 6
μαθητεύω, make disciples, 4
μαθητής, disciple, 5
μακάριος, blessed, happy, 18
μακράν, far, 59
μακρόθεν, from afar, 59

μακροθυμέω, be longsuffering, 32
μακροθυμία, long-suffering, patience, 3
μακρός, long, 18
μαλακία, sickness, 3
μάλιστα, especially, mostly, 60
μᾶλλον, rather, more, 60
μανθάνω, learn, 75
μαργαρίτης, pearl, 47
μαρτυρέω, witness, 33
μαρτυρία, witness, 3
μαρτύριον, witness, 6
μάρτυς, a witness, martyr, 46
μάστιξ, plague, 40
μάχαιρα, sword, 120
μάχη, battle, 3
μάχομαι, fight, 78
μέγας, great, 52
μείζων, greater, greatest, 56
μέλας, black, 50
μέλει, it concerns, 55
μέλλω, intend, be about to, delay, 21
μέλος, limb, 45
μέν . . . δέ, on the one hand . . . on the other, 10
μέντοι, however, 60
μένω, remain, 27
μερίζω, divide, 12
μέριμνα, anxious thought, 3
μεριμνάω, worry, 35, 87, 125
μέρος, part, 45
μέσος, middle, 38
μεσόω, be in the middle, 38
μετά (with acc.), after; (with gen.), with, 7
μεταβαίνω, cross over, 29, 131
μεταδίδωμι, impart, 92
μεταμέλομαι, repent, 78
μεταμορφόομαι, be transfigured, 39, 72
μετανοέω, repent, 34
μετάνοια, repentance, 3
μεταξύ, between (gen.), 114
μετρέω, measure, 34
μέτρον, measure, 6
μέχρι, as far as, until, 67
μή, negative with all moods of the verb except indicative, 22, 24, 87, 106
μηδέ, nor, 47
μηδείς, no-one, 53
μηδέποτε, never, 59
μηκέτι, no longer, 59
μῆκος, length, 45, 104
μηκύνομαι, lengthen, grow, 78
μήν, month, 42
μήποτε, never, 59
μήτε, neither, 64, 87
μήτηρ, mother, 44
μικρόν, a little, 58, 60
μικρός, little, 56
μιμνήσκω, remind, 77, 132
μισέω, hate, 34
μισθός, reward, 6
μισθωτός, hireling, 55
μνῆμα, tomb, 45
μνημεῖον, tomb, 6
μνημονεύω, remember, 4
μονογενής, only-begotten, 48
μόνον, only, 58
μόνος, alone, 17
μυριάς, ten thousand, 113
μυρίοι, ten thousand, 113
μύρον, ointment, 6
μυστήριον, mystery, 6
μωρός, foolish, 18

ναί, yes, Matt. $17^{25}$
ναός, temple, sanctuary, 6
νεανίας, young man, 5
νεκρός, dead, 18, 55
νέος, new, young, 18
νεφέλη, cloud, 3
νῆσος, island, 7
νηστεία, fasting, 3
νηστεύω, fast, 46
νικάω, conquer, 35, 96
νοέω, understand, 34
νομίζω, consider, 23
νομικός, lawyer, 6
νόμος, law, 6
νόσος, disease, 7
νοῦς, mind, 46
νῦν, now, 59
νύξ, night, 42

ξένος, stranger, 17
ξηραίνω, wither, Mark $4^{6}$
ξηρός, dry, 18
ξύλον, wood, 6

ὁ, ἡ, τό, the, 3, 21, 101
ὁδηγέω, lead, 32
ὁδός, way, 7
ὀδούς, tooth, 40
ὅθεν, whence, 59
οἰκέτης, householder, 5
οἰκέω, dwell, 32
οἰκία, house, 3
οἰκοδομέω, build, 34, 39
οἰκονόμος, steward, 6
οἶκος, house, 6
οἰκουμένη, inhabited world, 3, 48, 103
οἶνος, wine, 6

ὀλίγοι, few, 6
ὀλίγος, little, 6, 36
ὅλος, whole, 17, 88
ὀμνύω, swear, 8
ὁμοθυμαδόν, of one accord, Acts 1[14]
ὅμοιος, like, 38
ὁμοιόω, make like, liken, 38
ὁμοίως, similarly, 60
ὁμολογέω, confess, 34
ὀνειδίζω, reproach, revile, 8
ὄνομα, name, 45
ὀνομάζω, name, 20
ὄνος, ass, 6
ὄντως, really, 60, 128
ὄπισθεν, from behind, 59
ὀπίσω, behind, after, 59, 80
ὅπλον, weapon, 6
ὅπου, where, 59, 116
ὅπως, how, 87
ὁράω, see, 29, 76, 132
ὀργή, anger, 3
ὀργίζομαι, be angry, 80
ὅρκος, oath, 10
ὄρος, mountain, 45, 117
ὀρφανός, bereft, 17
ὅς, ἥ, ὅ, who (relative pronoun), 31
ὅσος, how great, 47
ὅστις, who (relative pronoun), 54
ὅταν, whenever, 87
ὅτε, when, 10
ὅτι, because, that (introducing indirect statement), 10, 22
οὐ, not (with indicative mood), 11
οὐαί, alas!, Luke 6[24]
οὐδέ, nor, 16
οὐδείς, no-one, 52
οὐδέποτε, never, 59
οὐδέπω, not yet, 59
οὐκέτι, no longer, 59
οὖν, therefore, 10
οὔπω, not yet, 59
οὐράνιος, heavenly, 126
οὐρανός, heaven, 6, 34
οὖς, ear (gen. ὠτός, neut.), 99
οὔτε, nor, 64
οὗτος, this, 19
οὕτως, thus, so, 46, 47, 60, 81
ὀφειλέτης, debtor, 5
ὀφείλω, owe, 27, 28
ὀφθαλμός, eye, 14
ὄχλος, crowd, 10
ὀψία, evening, 3

παιδίον, child, little child, 6, 7
παῖς, child, servant, 42
παίω, strike, 4
πάλαι, of old, 59, 102
παλαιός, ancient, 18
πάλιν, again, 59
πανταχοῦ, everywhere, 59
πάντοτε, always, 35
παρά, alongside , 40, 115
παραβολή, parable, 3
παραγίνομαι, arrive, 79
παράγω, pass along, 66, 131
παραδίδωμι, hand over, betray, 94
παράδοσις, tradition, 44
παρακαλέω, exhort, comfort, 33, 132
παράκλητος, helper, advocate, 6
παραλαμβάνω, take, 75, 132
παραλυτικός, paralytic, 6
παράπτωμα, transgression, 47
παρασκευή, preparation, 3
παρατίθημι, set alongside, 99, 117
πάρειμι, be present, 25, 26
παρέρχομαι, pass by, 116, 131
παρέχω, provide, 12, 131
παρουσία, arrival, second advent, 3
πᾶς, all, 49
πάσχα, passover (neut.), Mark 14[12]
πάσχω, suffer, 29, 76, 132
πατήρ, father, 43
πατρίς, fatherland, 40
παύομαι, cease, 78
πείθω, persuade (middle : obey), 12, 96
πεινάω, hunger, 36
πειράζω, test, tempt, try, 10, 73
πειρασμός, temptation, 6
πέμπω, send, 14, 16, 68
πενθερά, mother-in-law, 3
πενθέω, mourn, 34
πεντακισχίλιοι, five thousand, 113
πεντακόσιοι, five hundred, 113
πέντε, five, 112
πεντήκοντα, fifty, 113
πέραν, beyond, 59, 61
περί (with acc.), around ; (with gen.), concerning, 26, 115
περιβάλλω, clothe, 75, 131
περιπατέω, walk, 34
περισσεύω, abound, 89
περισσός, more, 17
περιστερά, dove, 108
περιτέμνω, circumcise, 132
περιτομή, circumcision, 3
περίχωρος, country around, Matt. 3[5]
πετεινόν, bird, 125
πέτρα, rock, 3, 39
πηγή, fountain, 3
πηλίκος, how great, 48
πήρα, wallet, 3
πῆχυς, cubit, 46

πίνω, drink, 29, 76
πίπτω, fall, 16, 132
πιστεύω, believe ; entrust, 4, 69
πίστις, faith, 44
πιστός, faithful, 17
πλανάω, lead astray, 36
πλατεῖα, street, 50
πλατύς, broad, 50
πλείων, more, 56
πλέκω, weave, Mark $15^{17}$
πλέω, sail, 34
πλῆθος, multitude, 45
πλήρης, full, 49
πληρόω, fill, fulfil, 39
πλησίον, near; ὁ πλησίον, neighbour, 59
πλοῖον, boat, 6
πλούσιος, rich, 18
πνεῦμα, wind, spirit, 45
πνέω, blow, Matt. $7^{25}$
πόθεν, whence ?, 30, 118
ποιέω, make, do, 32, 33, 72, 73
ποιμήν, shepherd, 41
ποῖος, of what kind ?, 105
πόλεμος, war, 6
πόλις, city, 43
πολύς, much, 51
πονηρία, wickedness, 3
πονηρός, wicked, 18
πορεύομαι, go, 79
πορνεία, fornication, 124
ποσάκις, how often?, 59, 105
πόσος, how great ?, 47
ποταμός, river, 6
πότε, when ? 30, 118
ποτέ, at some time, 30, 118
ποτήριον, cup, 6
ποτίζω, give to drink, 12
ποῦ, where ?, 30, 118
που, somewhere, 30, 118
πούς, foot, 47, 48, 78
πράσσω, do, 12
πραΰς, gentle, meek, 50
πρέπει, it is fitting, 81
πρεσβύτερος, elder, 14
πρίν, before, 59
προάγω, go before, 131
προβαίνω, go forward, 131
πρόβατον, sheep, 6
προμεριμνάω, worry beforehand, 87
πρός, towards, 7, 30, 115
προσδραμών, 2nd Aor. Part. Act. προστρέχω, run to, 91, 133
προσέρχομαι, approach, 29, 131
προσευχή, prayer, 3
προσεύχομαι, pray, 108
προσέχω, take heed, 39
προσκυνέω, worship, 34
προσφέρω, offer, 100
πρόσωπον, face, 78
πρότερος, former, 57
προφητεύω, prophesy, 48
προφήτης, prophet, 5
πρωΐ, early in the morning, 59
πρῶτος, first, 57
πτοέομαι, be frightened, 109
πτωχός, poor, 17
πύλη, gate, 3
πυνθάνομαι, ascertain, 78, 124
πῦρ, fire, 77
πωλέω, sell, 34
πῶς, how ?, 30, 118
πως, somehow, 30, 118

ῥάβδος, staff, 6, 114
ῥαπίζω, strike, 54
ῥήγνυμι, break, rend (fut. ῥήξω), Mark $2^{22}$
ῥῆμα, word, 45
ῥίζα, root, 3
ῥίπτω, hurl, 12
ῥύομαι, rescue, 78

σάββατα, week, Sabbath, 7
σάββατον, Sabbath, 7
σάλπιγξ, trumpet, 40
σαλπίζω, sound a trumpet, 12
σαπρός, rotten, 18
σάρξ, flesh, 42
σεαυτόν, thyself (reflexive), 25
σεισμός, earthquake, tempest, 84
σελήνη, moon, 3
σημεῖον, sign, 6
σήμερον, today, 59
σιγάω, be silent, 35
σῖτος, corn, 6
σιωπάω, be silent, 35
σκανδαλίζω, cause to stumble, 126
σκάπτω, dig, 12
σκεῦος, vessel, 45
σκηνή, tent, 3
σκηνόω, tabernacle, 80
σκιά, shadow, 3
σκορπίζω, scatter, 55
σκοτία, darkness, 3
σκότος, darkness, 45, 124
Σολομών (gen.-ῶνος), Solomon, 61
σός, thy, 102
σοφία, wisdom, 3
σοφός, wise, 55, 56
σπείρω, sow, 27
σπέρμα, seed, 45
σπλαγχνίζομαι, have compassion, 114

σποδός, ashes, 7
σπουδάζω, hasten, 12
σπουδή, haste, 3
στάδιος, stade, 110
σταυρός, cross, 6
σταυρόω, crucify, 37, 125
στάχυς, ear of corn, 109
στενός, narrow, 17
στέφανος, crown, 6
στοιχεῖον, element, 6
στόμα, mouth, 45
στρατιώτης, soldier, 5, 10
στρέφω, turn, 12
σύ, thou, 16
συγγενής, kinsman, 48
συκῆ, fig tree, 3
σῦκον, fig, 30
συλλαμβάνω, take, arrest, 75
συμβούλιον, counsel, 83
συμφέρει, it is expedient, 81
σύν, with, 7
συνάγω, lead together, gather, 29, 131
συναγωγή, synagogue, 10
σύνδουλος, fellow slave, 6, 81
συνέδριον, Sanhedrin, 3
συνίημι, understand, 99
σφόδρα, exceedingly, 60
σφραγίς, seal, 51
σχίσμα, rent, 45
σώζω, save, 12, 14, 46
σῶμα, body, 45
σωτήρ, saviour, 41
σωτηρία, salvation, 3
σώφρων, prudent, 49

ταπεινός, humble, 38
ταπεινόω, make humble, 38
τάφος, tomb, 6
ταχέως, quickly, 58
ταχύ, quickly, 58
τε, and, 25
τέκνον, child, 6
τέλειος, perfect, mature, Matt. 5[48]
τελευτάω, die, 44
τελέω, finish, 33
τέλος, end, 45
τελώνης, tax-collector, 5
τέσσαρες, four, 53
τεσσαράκοντα, forty, 113
τέταρτος, fourth, 112
τηρέω, keep safe, observe, 33, 40
τίθημι, place, 97, 98
τίκτω, give birth to, 77, 88
τιμάω, honour, 35, 36, 72
τιμή, honour, price, 3
τίς, who ?, 54
τις, someone, 54
τοιοῦτος, such, 110
τόπος, place, 6
τότε, then , 59
τράπεζα, table, bank, 3
τρεῖς, three, 52
τρέφω, feed, 133
τρέχω, run, 91, 102, 133
τριάκοντα, thirty, 112
τριακόσιοι, three hundred, 113
τρίς, three times, 112
τρίτος, third, 112
τρόπος, way, 6
τροφή, food, 3
τυγχάνω, happen, obtain (aor. ἔτυχον), 28
τύπτω, strike, 12
τυφλός, blind, 38
τυφλόω, make blind, 38

ὑγιής, healthy, 48
ὕδωρ, water, 45
υἱός, son, 2, 10
ὑμέτερος, your, 102
ὑμνέω, sing a hymn, 34
ὕμνος, hymn, 6
ὑπάγω, depart, 131
ὑπακούω, obey, 96, 131
ὑπαντάω, meet, 35
ὑπέρ (with acc.), above ; (with gen.), on behalf of, 115
ὑπηρέτης, officer, 5
ὕπνος, sleep, 6
ὑπό (with acc.), under; (with gen.), by 115
ὑπόδημα, sandal, 45
ὑποκάτω, beneath, 59
ὑπόκρισις, hypocrisy, 44
ὑποκριτής, hypocrite ; actor, 39
ὑπομένω, endure, 27
ὑπομιμνήσκω, remind, 132
ὑπομονή, patience, 3
ὑποπόδιον, footstool, 6, 53
ὑποστρέφω, return, 102
ὑποτάσσω, make subject, 102, 125
ὑστερέω, lack, 32
ὕστερον, afterwards, 59
ὑψηλός, high, 46
ὕψιστος, highest, 17
ὑψόω, exalt, 38

φαίνω, shine (middle : appear), 79
φανερός, manifest, 38, 126
φανερόω, make manifest, 38
Φαρισαῖος, Pharisee, 6
φάτνη, manger, 3

φέγγος, light, 45, 76
φείδομαι, spare, 78
φέρω, carry, 133
φεύγω, flee, 77
φημί, say, 76
φθείρω, destroy, 27, 74
φθονέω, envy, 32
φθόνος, envy, 6
φιλέω, love, kiss, 32, 33
φίλος, friend, 17
φιμόω, muzzle, make silent, 37
φοβέομαι, fear, 109
φόβος, fear, 6
φονεύω, murder, 119
φόρος, tribute, 6
φρονέω, think, 32
φρόνιμος, prudent, 17
φυλακή, prison, 3
φυλάσσω, guard, 12
φυλή, tribe, 3
φύλλον, leaf, 6
φυτεύω, plant, 4
φωνέω, call, 34
φωνή, voice, 3
φῶς, light, 46
φωτίζω, give light, 80

χαίρω, rejoice, 79
χαλκός, copper, 6
χαρά, joy, 10
χαρίζομαι, grant, forgive, 80
χάρις, grace, 42
χείρ, hand, 46
χείρων, worse, 56
χήρα, widow, 36
χιλιάς, thousand, 113
χίλιοι, thousand, 113
χιτών, shirt, tunic, 41
χοῖρος, pig, 47
χορτάζω, satisfy, 114
χόρτος, grass, 6
χράομαι, use, 72, 78
χρεία, need, 3
χρή, it is necessary, 81
χρήζω, need, 12
χρῆμα, money, 45
χρηματίζω, warn (by an oracle, dream), 71
χρηστός, kind, good, 17, 125
χρίσμα, anointing, 45
Χριστός, Christ, Messiah, anointed, 22
χρίω, anoint, 22
χρόνος, time, 6, 67
χρυσίον, gold piece, 6
χρυσός, gold, 6
χωλός, lame, 17
χώρα, country, 3
χωρίζω, separate, 107
χωρίς, without, 114

ψαλμός, psalm, 6
ψεύδομαι, tell lies, 78
ψευδοπροφήτης, false prophet, 109
ψυχή, soul, life, 3
ψυχρός, cold, 104

ὧδε, here, 59
ᾠδή, song, 3
ὦμος, shoulder, 6
ὥρα, hour, 3
ὡς, as, when, 61
ὡσαύτως, likewise, 61
ὡσεί, as if, 61
ὥσπερ, as, 51
ὥστε, so that, 83
ὠφελέω, help, profit, 34

# ENGLISH-GREEK VOCABULARY

(The numbers refer to pages.)

abase, ταπεινόω, 38
able, be, δύναμαι, 78
abound, περισσεύω, 89
about, περί (acc.: around; gen.: concerning), 26, 115
about to, be, μέλλω, 21
above, ὑπέρ (acc.), 115
Abraham, Ἀβραάμ, 84
according to, κατά (acc.), 115
accuse, κατηγορέω, αἰτιάομαι, 32, 126
add, προστίθημι, 120
afraid, be, φοβέομαι, 109
after, μετά (acc.), ὀπίσω (gen.), 7, 114
again, πάλιν, 59
all, πᾶς, 49
allow, ἐάω, ἐπιτρέπω, 36, 132
already, ἤδη, 59
also, καί, 10
although, καίπερ, 63
among, ἐν, 7, 46, 83
and, καί, δέ, τε, 10, 25
angel, ἄγγελος, 2, 6
anger, ὀργή, 3
anoint, ἀλείφω, 12
answer, ἀποκρίνομαι, 27, 78, 84
apostle, ἀπόστολος, 6
appear, φαίνομαι, 79
appoint, καθίστημι, 95
arise, ἀνίστημι, ἐγείρομαι, 96, 69
arm, βραχίων, 41
arouse, ἐγείρω, 69
arrange, τάσσω, 124
as, ὡς, καθώς, 61
ascend, ἀναβαίνω, 29, 125
ascertain, πυνθάνομαι, 78
ask a question, ἐρωτάω, ἐπερωτάω, 36
ask a request, αἰτέω, 33
asleep, be, καθεύδω, κοιμάομαι, 84
assembly, ἐκκλησία, 3, 39
authority, ἐξουσία, 3

bad, κακός, πονηρός, 17, 18
baptize, βαπτίζω, 12, 51
be, εἰμί, 25, 63, 85, 90
beam, δοκός, 7
bear, φέρω (carry) ; τίκτω, give birth to, 133, 77, 88
because, ὅτι, 10, 22
become, γίνομαι, 79, 90, 108 131
bed, κλινή, κλινίδιον, κράββατος, 3, 6
before (prep.), ἔμπροσθεν, πρό (gen.), (conjunction), πρίν, 24, 59, 100
begin, ἄρχομαι, 80
behold, βλέπω, 20
behold!, lo!, ἴδε, ἰδού, 29, 44
believe, πιστεύω, 4, 69
beloved, ἀγαπητός, 18
belt, ζώνη, 3, 104
beseech, δέομαι, 80
beside, παρά, 40, 115
best, κράτιστος, 56
Bethlehem, Βηθλεέμ, 77
betray, προδίδωμι, 94
better (adv.), βέλτιον, κρεῖσσον, 60
black, μέλας, 50
bless, εὐλογέω, 32, 102
blessed, μακάριος, 18
blind, τυφλός, 38
blind, make, τυφλόω, 38
boat, πλοῖον, 6
bodily, σωματικός, 17
body, σῶμα, 45
bond, δεσμός, 6
book, βιβλίον, 6, βίβλος, 7
both ... and, καί ... καί, τε ... καί, 25
boy, παῖς, 42
branch, κλῆμα, 45
bread, ἄρτος, 6
break, κλάω, 36
bride, νύμφη, 3
bridegroom, νυμφίος, 6
brother, ἀδελφός, 6
build, οἰκοδομέω, 34, 39
bury, θάπτω, 77, 131
but, ἀλλά, δέ, 10, 117
buy, ἀγοράζω, 23
by (agent), ὑπό, (gen.), 68

call, καλέω, 33, 132

care, μέριμνα, 3; it is a care (concern), μέλει,
carefully, ἀκριβῶς, 58
carry, φέρω, 133
cast, βάλλω, cast out, ἐκβάλλω, 75, 131
cause to stumble, σκανδαλίζω, 126
certain (indefinite), τις, 54
chief-priest, ἀρχιερεύς, 44
child, τέκνον, παιδίον, 6
Christ, Χριστός, 22
church, ἐκκλησία, 3, 39
circumcise, περιτέμνω, 132
city, πόλις, 43
cleanse, καθαρίζω, 12
clothe, ἐνδύω, περιβάλλω, 4, 104, 131
cloud, νεφέλη, 3
colt, πῶλος, 6
come, ἔρχομαι (and compounds), 131
comfort, παρακαλέω, 33, 132
command κελεύω (acc.), ἐντέλλομαι (dat.), 12, 127
commandment, ἐντολή, 3
compel, ἀναγκάζω, 12
concerning (gen.), περί, 26, 115
condemn, κατακρίνω, 27
confess, ὁμολογέω, 34
conquer, νικάω, 35, 96
consider, βουλεύομαι, 79
council, Sanhedrin, συνέδριον, 3
counsel, take, βουλεύω, 4
cover, conceal, καλύπτω, 12, 69, 84
cross, σταυρός, 6
crowd, ὄχλος, 10
crown, στέφανος, 6
cry out, κράζω, 12, 14
cubit, πῆχυς, 46
cut, τέμνω, cut down, 132, ἐκκόπτω, 75

dare, τολμάω, 35
darken, σκοτίζω, 12
darkness, σκότος, 45, 124
daughter, θυγάτηρ, 44
day, ἡμέρα, 3
dead, νεκρός, 18, 55
death, θάνατος, 6, 97
death, put to, θανατόω, 37, 83
declare, γνωρίζω, 124
deed, ἔργον, 6
deny, ἀπαρνέομαι, 78, 88
depart, ὑπάγω, 131, ἀπέρχομαι, 116
descend, καταβαίνω, 29, 128
desert, ἔρημος, 7
destroy, φθείρω, καταλύω, 27, 74, 88
devil, δαιμόνιον, 7
die, ἀποθνήσκω, 9, 75, 131
diligently, ἐπιμελῶς, 60
disciple, μαθητής, 5
dishonour, ἀτιμάζω, 12
distribute, διαδίδωμι, 92
do, ποιέω, 32, πράσσω, 12
dog, κύων, 46
door, θύρα, 3
draw nigh, ἐγγίζω, 34, 110
drink, πίνω, 29, 76
drive (and compounds), ἄγω, 29, 131
dwell, κατοικέω, 32

earth, γῆ, 4
earthquake, σεισμός, 84
eat, ἐσθίω, 76
Egypt, Αἴγυπτος, 7, 44
elder, πρεσβύτερος, 14
element, στοιχεῖον, 6
elsewhere, ἀλλαχοῦ, 59
enemy, ἐχθρός, 6
enter, εἰσέρχομαι, 116, 131
entrusted, be, πιστεύομαι, 69
escape, ἀποφεύγω, 77
eternal, αἰώνιος, 41
even, καί; not even, οὐδέ, 10, 16
evening, ὀψία, ἑσπέρα, 3
evil, κακός, πονηρός, 17, 18, 56
evil spirit, δαιμόνιον, 6, 7
exalt, ὑψόω, 38
example, ὑπόδειγμα, 45
eye, ὀφθαλμός, 6, 14

faith, πίστις, 44
faithful, πιστός, 17
fall, πίπτω, 16, 132
falsehood, ψεῦδος, 45
far from, πόρρωθεν, 59
fast, νηστεύω, 46
father, πατήρ, 43
favour, χάρις, 42
fear, φόβος, 6
fear (vb.), φοβέομαι, 109
feast, ἑορτή, 3
feed, τρέφω, 133
few, ὀλίγοι, 6
field, ἀγρός, 6
fifty, πεντήκοντα, 113
fig, σῦκον, 30
fig-tree, συκῆ, 3
fill, πληρόω, 39
find, εὑρίσκω, 69
finger, δάκτυλος, 6
firmly, βεβαίως, 58, 60
first (adj.), πρῶτος, (adv.), πρῶτον, 57, 58
fish, ἰχθύς, 43
fisherman, ἁλεεύς, 66

keep, τηρέω, 33, 40
kill, ἀποκτείνω, 69
kindle, καίω, 132
king, βασιλεύς, 43
kingdom, βασιλεία, 10
knee, γόνυ, 45
know, γινώσκω, ἐπιγινώσκω, οἶδα, 107, 131
known, γνωστός, 17

labour, κοπιάω, 36
labourer, ἐργάτης, 5
lake, θάλασσα, 3
lamb, ἀμνός, 24
lame, χωλός, 17
lamp, λαμπάς, 42
land, γῆ, 4
last, ἔσχατος, 17
law, νόμος, 6
lawful, it is, ἔξεστι, 81
lawless, ἄνομος, 102
lawyer, νομικός, 6
lay down, τίθημι, 97
lead, ἄγω (and compounds), 131
leader, ἡγεμών, 41
learn, μανθάνω, 75
least, ἐλάχιστος, 56
leave, λείπω, καταλείπω, 29, 31
lest, in order that not, ἵνα μή, μή, 87
let down, χαλάω, 36
letter, ἐπιστολή, 3
lie, κεῖμαι, 98
lie (tell lies), ψεύδομαι, 78
life, ζωή, 3, 41
lift, αἴρω, 27, 131
lift up, ὑψόω, 38
lightning, ἀστραπή, 3; to lighten, ἀστράπτω, 101
like, ὅμοιος, 38
like, love, φιλέω, 32, 72
liken, ὁμοιόω, 38
likewise, ὁμοίως, 60
listen, ἀκούω, 4, 131
little, μικρός, 56
loaf, ἄρτος, 6
look at, βλέπω, 20
loose, λύω, 4, 8, 12, 24, 89
Lord, Κύριος, 6
love, ἀγαπάω, 36

mad, be, μαίνομαι, 79
maid, κοράσιον, παιδίσκη, παρθένος, 3, 6
man, ἄνθρωπος, ἀνήρ, 6, 42
manifest, φανερός, 1; make manifest, φανερόω, 38
many, πολλοί, 51
market-place, ἀγορά, 3
marry, γαμέω, 32
master, δεσπότης, 5
meat, βρῶμα, 45
messenger, ἄγγελος, 2, 6
Messiah, Μεσσίας, 5
minister (vb.), διακονέω, 39
money, ἀργύριον, χρήματα, 6, 45
month, μήν, 42
morning, in the, πρωΐ, 59
Moses, Μωυσῆς, 20
mother, μήτηρ, 44
mountain, ὄρος, 45, 117
mouth, στόμα, 45
much, πολύς, 51
multitude, ὄχλος, 10
murder (vb.), φονεύω, 119
murderer, ἀνθρωποκτόνος, 6
must, it is necessary, δεῖ, 22
myself (reflex.), ἐμαυτόν, 25

name, ὄνομα, 45
name (vb.), ὀνομάζω, 20
nation, ἔθνος, 45
native-place, πατρίς, 40
near, ἐγγύς, 60
necessary, it is, δεῖ, 22
neither . . . nor, οὔτε . . . οὔτε, μήτε . . . μήτε, 64
net, δίκτυον, 6
never, οὐδέποτε, μηδέποτε, 59
new, νέος, καινός, 18, 17
night, νύξ, 42
nine, ἐννέα, 112
ninety, ἐνενήκοντα, 113
ninth, ἔνατος, 112
no longer, οὐκέτι, μηκέτι, 59
nobody, οὐδείς, μηδείς, 52
nor, οὔτε, μήτε, 64
not, οὐ, οὐκ, οὐχ, οὐχί, μή, 11, 22
not even, οὐδέ, μηδέ, 16, 22
not only, οὐ μόνον, 58
nothing, οὐδέν, μηδέν, 52
now, νῦν, ἄρτι, 59
number, ἀριθμός, 6
number, count, ἀριθμέω, 32

O, ὦ, 7
obey, ὑπακούω, πείθομαι, 96
offer, προσφέρω, 100, 133
oil, ἔλαιον, 6
old, παλαιός, of old time (adv.), πάλαι, 59, 102, 18
old man, γέρων, 42
on, ἐπί, ἐν, 16, 115, 7
one, εἷς, 52

separate, χωρίζω, 12, 107
serpent, ὄφις, 43
servant, δοῦλος, 6
serve, δουλεύω, διακονέω, 39
set, ἵστημι, 95
seven, ἑπτά, 112
shape, εἶδος, 45, 103
sheep, πρόβατον, 6
shepherd, ποιμήν, 41
shining, λαμπρός, 18
shout, κράζω, 12, 14
show, δηλόω, φανερόω, δείκνυμι, 37, 84
shut, κλείω, 4
sick, ἀσθενής, 48
sign, σημεῖον, 6
silver, ἄργυρος, 6; piece of silver, ἀργύριον, 7
sin, ἁμαρτία, 3
sin (vb.), ἁμαρτάνω, 28, 100
sinful, ἁμαρτωλός, 17
sinner, ἁμαρτωλός, 6
sister, ἀδελφή, 3
sit, καθίζω, 12; sit at table, ἀνάκειμαι, 98
six, ἕξ, 112
slave, δοῦλος, 6
slow, βραδύς, 50
small, μικρός, 18, 56
so, οὕτως, 46, 60
so great, τοσοῦτος, 19
so many, τοσοῦτοι, 110
so that, ὥστε, 83
soft, μαλακός, 17
soldier, στρατιώτης, 5
Solomon, Σολομών (gen.-ῶνος), 61
some, τις, 54
some . . . others, οἱ μέν . . . οἱ δέ, 10, 19, 101
son, υἱός, 2, 10
sorrowful, be, λυπέω, 34
soul, ψυχή, 3
sow, σπείρω, 27
speak, λέγω, 71, 132
spirit, πνεῦμα, 45; evil spirit, δαιμόνιον, 7
stand (tr.), ἵστημι, 95; (intr.), ἕστηκα, ἵσταμαι, 96
stature, ἡλικία, 3
stay, μένω, 27
steal, κλέπτω, 12
still (adv.), ἔτι, 59
stone, λίθος, 6
straight, εὐθύς, 50, 119
stray, πλανάομαι, 36, 72
street, ῥύμη, πλατεῖα, 3, 50
stretch out, ἐκτείνω, 69
strike, παίω, τύπτω, ῥαπίζω, 4, 12
strong, be, ἰσχύω, 4
stumble, cause to, σκανδαλίζω, 12, 126
such, τοιοῦτος, 110
suffer, πάσχω, 29, 76, 132
sun, ἥλιος, 6
supper, δεῖπνον, 6
swallow up, καταπίνω, 76, 132
swear, ὄμνυμι, ὀμνύω, 8
sword, μάχαιρα, 3, 120
synagogue, συναγωγή, 3, 10

table, τράπεζα, 3
take, λαμβάνω, 75
talk, λαλέω, 33
taste, γεύομαι, 88
teach, διδάσκω, 12, 66
teacher, διδάσκαλος, 6, 10
teaching, διδαχή, 3, 6
tell, λέγω, 71, 132
temple, ἱερόν, 6
tempt, πειράζω, 10, 73
temptation, πειρασμός, 6
ten, δέκα, 112
tent, σκηνή, 3
test, πειράζω, 10, 73
that (conj.), ὅτι, 10, 22
that man, ἐκεῖνος, 19
themselves (reflex.), ἑαυτούς, 25
then, τότε, 59; then next, ἔπειτα, 78
thence, ἐκεῖθεν, 59
there, ἐκεῖ, 59
therefore, οὖν, 10
thief, κλέπτης, 5
think, νομίζω, 23
third, τρίτος, 112
thirty, τριάκοντα, 112
this, οὗτος, 19
thorn, ἄκανθα, 3
thousand, χίλιοι, 113
three, τρεῖς, 52
thrice, τρίς, 112
through, διά, 115
throw, βάλλω, 75, 131
thunder, βροντή, 3
thus, οὕτως, 46, 47, 60
thy, σός, 17, 102
time, χρόνος, 6
to, πρός, 5, 30, 115
today, σήμερον, 59
tomb, μνημεῖον, 6
tongue, γλῶσσα, 3
tooth, ὀδούς, 40
touch, ἅπτομαι, 88
towards, πρός, 7, 30, 115
translate, ἑρμηνεύω, 4
treasure, θησαυρός, 6
tree, δένδρον, 6, 7

tribe, φυλή, 3
true, ἀληθής, 44, 48
trumpet, σάλπιγξ, 40
truth, ἀλήθεια, 3, 14
tunic, χιτών, 41
turn, στρέφω, 12
twelfth, δωδέκατος, 112
twelve, δώδεκα, 112
two, δύο, 52, 112

unclean, ἀκάθαρτος, 17
under, ὑπό, 115
understand, ἐπίσταμαι, συνίημι, 95, 99
until, ἕως, ἕως οὗ, ἄχρι, 67, 87
unto, εἰς, πρός, 7, 23, 30, 115
upon, ἐπί, 16, 115
use, χράομαι, 72, 78

village, κώμη, 3, 44
vineyard, ἀμπελών, 42, 43
virgin, παρθένος, 7
voice, φωνή, 3

walk, περιπατέω, 34
wall, τεῖχος, 45
want, βούλομαι, θέλω, 79, 12
wash, λούω, νίπτω, 4, 78
water, ὕδωρ, 45
way, ὁδός, 7
we, ἡμεῖς, 14
weep, κλαίω, 4, 132
well, καλῶς, εὖ, 58
what ?, τί;, 54
wheat, σῖτος, 6
when ?, πότε;, 30, 118
when, ὅτε, 10
whenever, ὅταν, 87
where ?, ποῦ;, 30, 118
where, οὗ, ὅπου, 59, 116
white, λευκός, 17
who ?, τίς;, 54
whole, ὅλος, 17
why ?, τί;, διὰ τί;, 73, 104, 105
wicked, πονηρός, 18
wickedness, ἀδικία, 3
wilderness, ἔρημος, 7
will, θέλημα, 45
wind, ἄνεμος, 6
wine, οἶνος, 6
wineskin, ἀσκός, 6, 45
wipe, ἐκμάσσω, 47
wise, σοφός, 17, 55, 56
wish, θέλω, βούλομαι, 12, 79
with, σύν, μετά, 7, 115
wither, ξηραίνω, 27
without, χωρίς, ἄνευ, 114
witness, μάρτυς, 46
witness (abstract), μαρτυρία, 3
witness (vb.), μαρτυρέω, 33
woman, γυνή, 42
wonder at, θαυμάζω, 12
word, λόγος, 6, 53
work, ἔργον, 6
work (vb.), ἐργάζομαι, 78, 102
workman, ἐργάτης, 5
world, κόσμος, 6
worse, ἥττων, ἥσσων, χείρων, 56
worship, προσκυνέω, 34
write, γράφω, 12, 14, 74
writing, γραφή, 3, 10

year, ἔτος, ἐνιαυτός, 45, 6
you (sing.), σύ, (pl.), ὑμεῖς, 16
young child, παιδίον, 6, 7
young girl, παιδίσκη, 3
young man, νεανίας, 5
your (sing.), σός, (pl.), ὑμέτερος, 17, 18
yourselves (reflex.), ἑαυτούς, 25

# INDEX

(The numbers refer to pages)